제2판

법무법인 고구려의

토지보상

100문 100답

법무법인 고구려
토지보상연구소 저

박영사

<토지보상 100문 100답>이 출간된 지 어느덧 2년이 지났습니다.

이 책은 처음부터 법해석이나 연구서로서가 아니라, 토지수용 현장에서 피수용자 개인의 궁금증에 답하고 대책위원회 임원들이 대책위원회의 조직운영 방안에 참고할 안내서로 출간되었습니다.

그래서인지 토지수용 현장에서 이 책에 대한 호응이 뜨거워 진작 초판 물량이 소진되고 추가 출판에 대한 요구가 빗발쳤습니다. 이에 법무법인 고구려 토지보상연구소에서는 제2기 편집팀을 구성하여 초판의 내용을 전면 검토 후 이번 개정판을 내게 되었습니다.

제2판에서는 전체적으로 토지수용 관련한 법과 제도 중 피수용자에게 크게 불리한 내용에 대한 비판과 입법개선 방향을 적극 제시하였고, 법조문과 판례 인용을 추가하여 각 쟁점의 결론이 보다 선명하게 이해될 수 있도록 하였습니다.

이번에 대폭 수정한 항목은, 표준지 공시지가에 대한 불복소송, 주민추천평가사, 영업보상과 폐업보상, 이주대책과 생활대책 등입니다. 특히 간접보상의 일환인 이주대책과 생활대책의 이론적 근거를 보다 명확히 하고, 각종 수용 현장에서 간접보상의 표준으로 인

식되는 한국토지주택공사(LH)의 각종 지침을 비판적으로 검토하고 세부적인 내용까지 보완하였습니다. 세입자에 대한 주거이전비나 실제 거주사실의 입증과 같이 미세하고 구체적인 내용까지 추가한 것은 현장에서의 요구가 많았기 때문입니다.

한편 공공주택특별법상 주민지원대책과 LH의「주민생계지원대책 수립지침」에 관한 항목을 추가하여 대폭 기술하였습니다. 2년 전인 2022년 초에 도입된 이 정책은, 주로 수도권과 대도시권역에서 전가의 보도처럼 큰 면적에 무더기로 지구지정이 되고 있는 공공주택지구에 있어서 간접보상의 방향에 관한 획기적인 내용을 포함하고 있기 때문입니다.

그러나 아직 입법적으로 내용이 부족하고 심지어 핵심내용에 있어서 입법오류라 평가될 소지가 있으며, 또한 수용현장에서 사업시행자나 피수용자 모두 제대로 이 제도를 이해하지 못함으로 인해 활성화되지 못한 점이 아쉬워 선도적으로 문제제기를 하였습니다.

여전히 부족한 점이 많음에도 불구하고 이 책이 수용현장의 참고서로 자리잡고 있다는 점에서 본 연구소는 큰 보람을 느끼고 있습니다. 이후에도 수용현장의 수요를 파악하고 계속적인 연구와 개정을 통해 성원에 보답하도록 하겠습니다.

법무법인 고구려 토지보상연구소

피수용자 여러분들에게 이 책으로 인사드립니다.

법무법인 고구려는 과거 법무법인 청목의 토지보상팀 시절부터 15년 이상 토지수용 현장에서 피수용자들의 재산과 권익을 보호하기 위한 업무를 수행해 왔습니다.

그 과정에서 피수용자들이 느끼는 불안과 분노, 그리고 정신적 충격에 따른 숱한 비극도 직접 눈으로 보았습니다. 우리나라의 토지수용 및 보상의 현재 모습을 살펴보면, 법과 제도는 사업시행자 위주로 기울어 있고, 보상의 실무 또한 피수용자의 이익과 목소리를 제대로 대변하지 못하고 있는 실정입니다. 그리하여 대한민국 헌법 제23조가 엄명하고 있는 국민의 재산권 보장 이념, 수용에 있어서 정당보상 이념이 현실에서 실현되지 못하고 있다는 느낌을 지울 수가 없습니다.

어떤 사람에게 토지는 투자나 투기의 대상이지만, 다른 어떤 사람에게 토지는 한평생을 건 인생이요, 자신과 가족을 지탱해 주는 생명과 같은 존재이기도 합니다. 그러기에 일방적, 권위적으로 진행되는 수용절차가 주는 자괴감, 재산가치의 수평이전이라는 정당보상에 턱없이 못 미치는 보상 수준이 주는 상실감은 피수용자들에게 본인과 가족의 생존 근거를 위협하는 공포의 대상으로 다가오는 것입니다.

이러한 토지수용의 현실 속에서 법무법인 고구려는 수용 현장에서 피수용자 개인과 단체들에게 법률에 근거하여 차분한 법률자문 업무를 수행하고, 감정평가 및 행정쟁송절차에서 수용보상금을 증액시키기 위한 노력을 다하여 왔습니다. 나아가 정당보상 수준에 미치지 못하는 수용보상금을 보전하기 위하여 이주대책, 생계대책 등 간접보상을 위한 대응전략을 수립하고 시행함으로써 피수용자들의 재산손실을 최소화하는 데 필요한 연구와 현장지원을 치열하게 수행해 왔습니다. 이러한 과정은 법무법인 고구려가 토지수용 현장에서 변호사로서의 공익적 사명을 실천하는 일이기도 하였습니다.

그리하여 토지수용 현장을 지원하기 위한 <토지보상법률센터> 조직을 확대·강화하여 수도권은 물론이고 전국 지방 곳곳의 업무까지 수행할 수 있는 시스템을 구축하였습니다. 그리고 매주 월요일 이른 아침 50여 명의 전 임직원이 2시간씩 학습 및 연구를 수행한 후 한 주의 업무를 수행하는 스터디 조직인 <경당>을 15년 간 끊임없이 이어왔으며, 변호사들이 정기적으로 연구 및 발표를 하는 <태학>을 활성화하는 등 연구에 힘을 쏟았습니다. 그 결과 토지수용법의 사문화된 법조문을 활성화하거나 새로운 판례를 이끌어 내는 등 토지수용과 관련한 법률사무에 일조를 하고 있다는 나름의 자부심을 가지고 있습니다.

이제 <토지보상연구소>를 정식 출범하여 그동안 법무법인 고구려가 축적한 지식과 경험을 정리하고 하나씩 세상에 내보이려 합니다.

이 책은 토지수용에 관한 연구서나 토지보상법에 관한 해설서로 기획하지 않았습니다. 토지수용에 처한 피수용자 개인이나 단체가 처음 닥친 강제적 재산권 박탈의 현실에서 느끼는 막막함과 두려움에 조금이나마 위안이 되고, 이에 대처할 수 있는 방법을 알아갈 수 있는 단초를 제공하는 것이 이 책의 핵심 목표입니다. 향후 법무법인 고구려의 <토지보상연구소>는 힘이 닿는 대로 토지보상법 해설서나 판례연구서, 나아가 국토계획법을 태두로 하는 부동산 공법 내지 개발관련 법령 전반에 대한 실무적 입장의 연구 결과를 산출하기 위해 부단히 노력할 것입니다.

아무쪼록 문답 형식으로 정리한 이 가벼운 책이 강제수용의 현실에 처한 피수용자 여러분에게 따뜻한 반려 책자가 되기를 바랍니다.

법무법인 고구려 토지보상연구소

CONTENTS
차례

CHAPTER 04   세금

CHAPTER

01

공익사업의 시작

**법무법인 고구려의
토지보상 100문 100답**

CHAPTER

01 공익사업의 시작

001 공익사업은 어떻게 진행되나요?

사업시행자가 토지보상법 제4조에서 정한 공익사업을 시행하는 경우 공익사업의 종류에 따라 차이는 있지만 크게 ① **의견청취**, ② **사업인정**, ③ **보상 단계의 순서로 진행**됩니다.

▶ 「공공주택특별법」에 의한 공공주택 건설사업 진행 절차

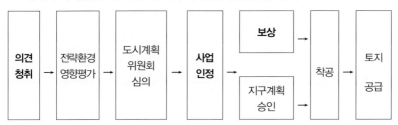

(1) 의견청취 단계

의견청취 단계란, 토지보상법 제21조와 같은 법 시행령 제11조에 따라 공익사업이 시행되는 지방자치단체의 장이 사업시행자의 이름과 주소, 사업의 종류 및 명칭, 사업예정지를 각 지방자치단체의 게시판에 **공고**하고, 공고한 날부터 14일 이상 일반인이 **열람**할 수 있도록 하는 절차를 말합니다.

「공공주택특별법」에 의한 공공주택건설사업, 「도시개발법」에

시흥시 공고 제2021 - 468호

광명시흥 공공주택지구 지정 및
사업인정 의제에 관한 주민 등의 의견청취 공고

「공공주택 특별법」제10조 및 같은 법 시행령 제13조,「공익사업을 위한 토지 등의 취득 및 보상에 관한 법률」제21조 및 같은 법 시행령 제11조에 따라, 광명시흥 공공주택지구 지정과 사업인정 의제에 대하여 주민 등 이해관계인의 의견을 듣고자 아래와 같이 공고하오니, 의견이 있는 분은 열람기간 내에 의견서를 제출하여 주시기 바랍니다.

2021. 02. 24.

시 흥 시 장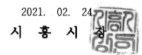

1. 사업의 개요

○ 사업기간(예정) : 2022년 ~ 2031년

지구명	위 치	면 적	지구지정 제안자 명칭(성명) 및 주소
광명시흥 공공주택지구	경기도 시흥시 과림동, 무지내동, 금이동 일원	12,711,116㎡ (4,597,224㎡)	한국토지주택공사 / 경상남도 진주시 충의로 19 (충무공동)

※ ( )는 시흥시 면적임

2. 열람기간 및 장소

열람기간	열람장소
2021년 02월 24일 ~ 2021년 03월 10일(14일간)	시흥시청 국책사업과 시흥시 과림동주민센터

※ 열람도서 : 게재 생략(열람장소에 비치)

3. 주민의견 제출기간 및 방법

○ 제출기간 : 2021. 02. 24. ~ 2021. 03. 10. (14일간)

○ 제출방법 : 열람장소에 비치된 양식에 따라 작성 후 직접, 우편 또는 팩스 제출

○ 제출장소 : 시흥시청 국책사업과
  - 주소 : 경기도 시흥시 시청로 20 (장현동) (FAX. 031-380-5428)

○ 기타 : 본 열람내용은 최종결정 내용이 아니며, 결정과정에서 내용이 변경될 수 있음을 알려드립니다.

의한 도시개발사업, 「도로법」에 의한 도로건설사업 등과 같이 개별법령에서 주민 등의 의견청취 단계를 별도로 규정한 공익사업도 있습니다.

(2) 사업인정 단계

사업인정 단계란, 사업시행자의 입장에서는 공익사업의 시행을 위하여 필요한 토지등을 수용 또는 사용할 수 있는 사업으로 결정하고 사업시행자가 국가로부터 수용권을 부여받는 절차임과 동시에, 토지등 소유자의 입장에서는 향후 진행될 보상 단계에서 토지의 손실보상금 산정 시 표준지 공시지가의 기준시점이나 수용대상물이 특정되는 기준점이 되는 절차입니다.

(3) 보상 단계

보상 단계란 사업시행자가 토지 및 물건 등에 관한 조사를 하여 **보상계획을 공고**하고, 토지소유자는 ⅰ. 협의 감정평가를 위한 **감정평가사를 추천**하고, ⅱ. **토지 및 물건조서**의 하자가 발생한 경우 **이의신청**을 하며, ⅲ. **보상협의회**가 설치, 구성 및 운영되는 경우 이에 참여하는 절차입니다.

이후, 사업시행자는 2인 또는 3인의 감정평가사가 감정평가를 하게 한 후, 그 감정가격을 토대로 토지등 소유자에게 **손실보상 협의요청**을 하게 됩니다.

사업인정이란, 국가가 사업시행자에게 일정한 절차를 거칠 것을 조건으로 특정한 재산권을 강제적으로 취득할 수 있는 권한을 부여하는 절차입니다(법 제20조). 그 내용을 국가 또는 지방자치단체가 발행하는 관보에 고시함으로써 그날부터 효력이 발생하는데, 이를 줄여 흔히 **사업인정고시**라고 합니다.

대부분의 공익사업의 경우 개별법령에서 지구지정, 구역결정 및 이에 대한 고시가 있는 경우 사업인정 및 사업인정고시가 있는 것으로 보고 있습니다.

예시

공공주택특별법 제27조 제2항
주택지구를 지정하여 고시한 때에는 「공익사업을 위한 토지 등의 취득 및 보상에 관한 법률」 제20조제1항 및 같은 법 제22조에 따른 사업인정 및 사업인정의 고시가 있는 것으로 본다.

사업인정고시가 있으면, ① 사업시행자에게 수용권이 부여되고, ② 수용 대상 토지가 확정되며, ③ 이해관계인이 한정되고, ④ 토지등의 보전의무가 부과되며, ⑤ 사업시행자 또는 보상평가를 의뢰받은 감정평가법인 등은 토지 및 물건에 관한 조사권이 생깁니다.

한편, 토지보상법 제23조에서는 '사업시행자가 사업인정의 고시가 된 날부터 1년 이내에 재결을 신청하지 아니하는 경우에는 사업인정고시가 된 날부터 1년이 되는 날의 다음 날 사업인정은 그 효력을 상실한다.'고 규정하여 사업시행자에게 조속한 사업추진 의무를 부여하고 있지만, 개별법령에서 '토지보상법 제23조에도 불구하고 사업시행 기간 내에 재결신청을 할 수 있도록' 하는 **재결신청 기한특례 규정**을 둠으로써 토지보상법 제23조는 대부분 무력화되었습니다.

'사업시행 기간 내에 재결신청'이라는 것은 사실상 사업시행자에게 사업추진 속도에 아무런 제한 없이 무제한의 재량을 준 것이고, 이는 역으로 피수용자들이 사업의 지연에 따른 유무형의 손해를 모두 감수할 수밖에 없다는 점에서 문제가 있는 입법이라 하겠습니다.

 예시

공공주택특별법 제27조 제3항

제1항에 따른 토지등의 수용 또는 사용에 대한 재결의 신청은 「공익사업을 위한 토지 등의 취득 및 보상에 관한 법률」 제23조제1항 및 같은 법 제28조제1항에도 불구하고 <u>지구계획에서 정하는 사업의 시행기간 내에 할 수 있다.</u>

제 호   관   보   2019. 10. 15.(화요일)

◉ 국토교통부 고시 제2019 - 561호

과천과천 공공주택지구의 지정 및 지형도면 등의 고시

「공공주택 특별법」 제6조에 따라 과천과천 공공주택지구를 지정하고, 같은 법 제12조 및 「토지이용규제 기본법」 제8조에 따라 지형도면 등을 다음과 같이 고시합니다.

2019년 10월 15일

국토교통부장관

1. 주택지구의 명칭, 위치 및 면적

   가. 명 칭 : 과천과천 공공주택지구

   나. 위 치 : 경기도 과천시 과천동, 주암동, 막계동 일원

   다. 면 적 : 1,555,496㎡

2. 주택지구의 지정일 : 관보게재일

3. 사업의 종류 : 「공공주택 특별법」 제2조에 따른 공공주택사업

4. 공공주택사업자의 명칭, 소재지 및 대표자 성명

명 칭	소재지	대표자 성명
경 기 도	경기도 수원시 팔달구 효원로 1 (매산로3가 1-1)	이 재 명
과 천 시	경기도 과천시 관문로 69 (중앙동)	김 종 천
한국토지주택공사	경상남도 진주시 충의로 19 (충무공동)	변 창 흠
경기도시공사	경기도 수원시 권선구 권중로46 (권선동)	이 헌 욱

5. 수용하거나 사용할 토지 등의 소재지, 지번, 지목, 면적, 소유권 및 소유권 외의 권리의 명세와 그 소유자 및 권리자의 성명(법인의 경우에는 명칭), 주소 : [붙임1]

6. 「국토의 계획 및 이용에 관한 법률」 제18조, 제22조 및 제22조의2에 따른 도시·군기본계획의 수립· 변경 : [붙임2]

7. 「토지이용규제 기본법」 제8조 및 같은 법 시행령 제7조에 따른 지형도면 등 :

   토지이용규제정보시스템(http://luris.molit.go.kr)에서 열람할 수 있음

8. 관계 서류의 열람방법 : 경기도 과천시 도시개발과(02-3677-2878), 한국토지주택공사 경기지역본부 (031-250-6085), 경기도시공사(031-220-3587)에 비치하여 토지소유자 및 이해관계인 등 일반인에게 보이게 함

[붙임1] 수용하거나 사용할 토지 등의 소재지, 지번, 지목, 면적, 소유권 및 소유권 외의 권리의 명세와 그 소유자 및 권리자의 성명, 주소

연번	소재지 (소재지)	지번 분번	지번 부번	지목	면적(㎡) 공부면적	면적(㎡) 산입면적	소유자 성명	소유자 주소	공유지분	관계인 성명	관계인 주소	권리의 종류	비고
			합 계										
1	과천동	회	1	답	606.0	606.0	이**	서울 영등포구 우편동 ***					
2	과천동	회	2	전	1,021.0	1,021.0	이**	서울 영등포구 우편동 ***					
3	과천동	회	3	답	545.0	545.0	이**	서울 영등포구 우편동 ***					
4	과천동	회	5	전	1,099.0	1,099.0	전**	경기도 하남시 신창길19번길 *-*		남서울농업협동조합	서울특별시 서초구 양재동 5-10 (양재역지점)	근저당권	
										남서울농업협동조합	서울특별시 서초구 양재동 5-10 (양재역지점)	지상권	
										이**	경기도 성남시 분당구 구미로 17번길 **	근저당권	
5	과천동	회	8	답	426.0	77.8	경기도(과천시)						
6	과천동	회	9	전	40.0	11.1	경기도(과천시)						
7	과천동	회	10	전	1,294.0	77.8	경기도(과천시)						
8	과천동	회		답	1,807.0	1,807.0	이**	서울 영등포구 우편동					

1

(1) 전략환경영향평가에 대한 의견 제출 방법

전략환경영향평가에 대한 주민의견 수렴절차는 개발기본계획을 수립하려는 행정기관의 장이 주최하는데, 초안에 대한 **공람** 및 주민'**설명회**'와 '**공청회**'가 있습니다. 공청회의 경우 공청회가 필요하다는 의견을 제출한 주민이 30명 이상인 경우 진행합니다.

공람기간 중에는 사업시행자 측의 주민설명회가 진행되고, 주민설명회에 참석한 주민들은 서면·구두 진술 등으로 의견을 개진할 수 있습니다. 또한 주민들은 전략환경영향평가서 공람기간 완료 후 7일 이내에 서면으로 의견을 제출할 수도 있습니다.

초안 공청회는 사업시행자 측과 주민 측이 사회자의 주재 아래 토론형식으로 진행하며, 주민설명회와 마찬가지로 초안 공청회에 참석한 주민들은 서면·구두 진술 등으로 의견을 개진할 수 있습니다.

주민들이 서면으로 전략환경영향평가서 초안에 대한 의견을 개진하려면 개발기본계획을 수립하려는 행정기관의 장에게 그 의견을 서면으로 제출하여야 하며, 일반적으로 시행되는 공공주택지구 조성사업의 경우에는 국토교통부 장관에게 제출하여야 합니다.

한편, 전략환경영향평가는 일반적으로 개발기본계획, 환경에 관한 사항을 주장하는 것이 원칙이지만, 주민들이 환경과는 상관없는 정당한 보상 등에 관하여 의견을 개진하더라도 사업시행자 측은 이를 청취하여 답변하거나 개발기본계획 수립 시 그 의견의 반영 여부를 검토하므로 환경에 관한 사항 이외의 주장도 가능합니다.

(2) 설명회와 공청회 대응방법

전략환경영향평가에 대한 **주민설명회**에서는 사업시행자 측이 개발기본계획과 환경에 관한 사항을 설명한 후 질의 및 응답시간을 가져 주민들의 의견을 청취합니다.

공익사업시행 시 관련 법률에서 공식적으로 규정한 의견청취절차가 많지 않으므로, 전략환경영향평가에 대한 주민설명회에서 주민들이 다양한 의견을 개진하는 것이 공익사업시행 과정에서 주민들의 의견을 반영시키는 하나의 방편이 될 수 있습니다.

간혹 주민들이 공익사업시행의 반대 등을 이유로 주민설명회를 무산시키기 위해 주민설명회 장소를 점거하거나 입장을 저지하는 등의 활동을 하기도 하는데, 사업시행자 측에서는 일정 시간 동안 주민설명회를 진행할 수 없을 정도에 이르는 경우 주민설명회를 생략하고 그 사유를 기재하여 주민설명회 생략 공고를 함으로써 이 절차를 끝내기도 합니다.

공청회는 주민설명회 생략 이후 또는 주민설명회 진행 후 공청회를 요청하는 주민이 30명 이상인 경우 열립니다. 질의응답 식으로 진행하는 주민설명회와는 달리 사업시행자 측 약 5명, 주민 측 대표 약 5명이 사회자의 주재 아래 토론형식으로 진행합니다.

주민 측 대표는 공청회 전 전략환경영향평가서 초안을 검토하고, 주민들의 의견을 청취한 후 주제를 구분하여 각자 맡은 부분에 대한 문제점, 질의사항 및 요구사항 등을 미리 준비할 필요가 있으며, 변호사 등 전문가나 방청석 주민의 참여를 통해 토론을 보다 내실 있게 진행할 수 있도록 대비하는 것이 좋습니다.

공청회 또한 주민설명회와 마찬가지로 주민들의 반대로 무산되기도 하는데, 공청회의 경우 2회 이상 열리지 못하면 생략될 수 있습니다.

004 대책위원회를 구성해야 하나요?

공익사업지구에서는 일반적으로 사업지구 내 또는 인근지역에서 거주하는 사람들이 대책위원회를 구성합니다. 이는 헌법상 **결사의 자유**에 근거한 **헌법상 기본권** 행사의 일환으로 볼 수 있습니다. 특히 신도시와 같이 대규모 공익사업지구에서는 다양한 형태의 대책위원회가 구성되기도 하는데, 대책위원회를 구성한 공익사업지구에서는 이를 구성하지 않은 곳에 비하여 정당한 보상의 실현에 보다 유리하다는 평가가 많습니다.

토지수용절차 전반을 살펴보자면, 사업시행자는 국가, 지방자치단체 또는 공기업으로서 풍부한 업무상 경험과 다양한 정보를 갖고 있음에 반하여, 개개인의 토지등 소유자들은 공익사업 절차와 법률

용어들이 복잡하고 어려운데다가, 감정평가사 한 명을 추천하는 데에도 어려움을 겪는 등 그 대응에 한계가 있는 경우가 많습니다.

하지만 토지등 소유자들이 대책위원회를 구성할 경우 '**규모의 힘**'을 활용하여 사업시행자에게 적극적으로 의견을 개진할 수 있으며, 이에 따라 사업시행자는 의사소통 창구를 대책위원회로 단일화하여 토지등 소유자들로부터 의견을 청취하거나 반대로 관련 정보를 제공하기도 하고, 지장물조사 일정을 조율하는 등 토지등 소유자들에게 비교적 협조적으로 사업을 진행하는 경향이 있습니다.

또한 토지등 소유자들도 의견 개진의 효율성과 다양한 정보습득을 위해서 대책위원회에 가입하는 경우가 많습니다. 사업시행자가 토지등 소유자들에게 제공하는 정보들은 그 내용이 복잡하여 혼란스러운 경우가 많으므로, 토지등 소유자들은 대책위원회를 통하여 쉽게 정리된 자료로 정보를 습득하는 이점이 있습니다.

그리고 사업시행자는 토지등 소유자들이 받아야 할 직접보상, 간접보상에 대한 개인의 의견보다는 대책위원회가 토지등 소유자들의 단체 형식으로 개진한 의견을 잘 반영하는 경향이 있다는 점도 대책위원회의 존재가 주는 장점이라 할 수 있습니다.

005 대책위원회는 어떻게 구성해야 하나요?

대책위원회는 공익사업의 발표가 있은 후 대책위원회 구성의 필요성을 느낀 토지등 소유자들이 ① **추진위원회를 구성**하고, ② **정관 작성 및 임원 선출**을 한 뒤, ③ **발대식(주민총회)**의 절차를 거쳐 구성합니다.

추진위원회 단계에서는 먼저 대책위원회 사무실로 활용할 공간을 마련합니다. 사무실 내부에는 기본적으로 대책위원회 행정업무를 처리할 PC, 복합기, 전화 및 팩스를 준비하며, 공익사업 예정지의 구획과 표준지 공시지가가 표시된 지도, 공익사업의 절차도, 임원 조직도 등을 게시합니다.

이후 추진위원회는 대책위원회의 목적, 임원, 총회, 회비 등에 관한 사항을 포함하여 **정관을 작성**하고, **대책위원회의 임원을 선출**합니다. 추진위원회 단계에서 선출된 임원은 이후 발대식(주민총회)에서 추인을 받는 것이 좋습니다. 그리고 필요한 경우 발대식에서 추가로 새로운 임원을 선출하여 조직을 보강하기도 합니다.

▶ 대책위원회 임원 구성 예시(조직도)

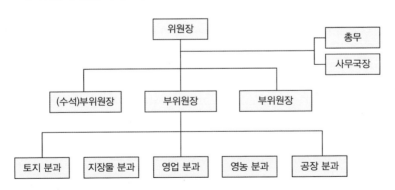

임원은 통상적으로 위원장 1인(필요시 공동 위원장), 부위원장 2~3인, 총무 1인, 사무국장 1인, 감사 1인, 분과장 4~5인 및 대의원 00명으로 구성되며, 공익사업지구의 규모 및 지역과 사업의 특성에 따라 그 숫자를 적절히 조율할 필요가 있습니다.

발대식(주민총회)은 관공서, 농협 등의 강당을 이용하거나 대운동장 등에서 진행합니다. 공익사업의 발표가 있은 후 대책위원회 구성이 경쟁적으로 활발한 지역은 장소 섭외에 어려움을 겪을 수 있으므로 조기에 장소를 섭외하여 확정지을 필요가 있습니다.

추진위원회는 발대식(주민총회)을 알리는 공익사업지구 내 현수막 게시, 기존 단체(주민자치회, 통·반 모임 등)를 통한 우편, 문자메시지 등의 발송으로 발대식을 토지등 소유자들에게 알립니다. 이 경우 개인정보 유출에 유의해야 합니다.

발대식(주민총회) 당일에는 참석한 토지등 소유자들에게 회원가입 신청서(또는 방문자 명단)를 받고, 가능하면 주민추천 감정평가사 추천서(또는 동의서)도 미리 징구함으로써 이후에 있을 보상단계에서 업무를 수월하게 할 수 있습니다.

대책위원회 구성의 모든 과정은 공익사업의 발표 후 토지등 소유자들의 관심도가 높은 약 10~30일 이내에 진행하는 것이 좋습니다.

대책위원회는 어떤 활동을 해야 할까요?

(1) 주민 의견 수렴

대책위원회는 ① **직접 보상을 위한 실거래가격 정보의 수집**, ② **간접보상을 위한 선호도 조사** 등 의견 수렴과정을 상시적으로 거쳐야 합니다.

토지보상액은 표준지 공시지가를 기준으로 하지만 인근의 실거래가격 등을 참고하도록 하고 있으므로, 토지등 소유자들의 실거래가격을 조사하여 정당한 보상을 위한 자료로써 활용할 필요가 있습니다.

간접보상의 경우 토지보상법 등에서 간략하게만 규정하고 있어, 간접보상으로 주어지는 토지의 위치, 면적 등이 모두 사업시행자와의 협의 대상입니다. 그 협의를 위해 대책위원회는 토지등 소유자들로부터 상시적으로 간접보상을 위한 선호도, 위치, 면적 등을 조사하여 객관적인 자료를 준비하고 이를 이후 협의과정에서 적절히 활용할 필요가 있습니다.

또한 토지등 소유자들은 각자 토지를 소유하게 된 경위와 처한 사정이 모두 다르므로 공익사업의 시행과 보상 등에 관한 입장 또한 모두 다를 수밖에 없습니다.

대책위원회는 토지등 소유자들의 의견을 수렴하는 과정을 통하여 조직활동에 다양한 아이디어를 얻을 수 있고, 토지등 소유자들로부터 신뢰를 얻어 성공적인 대책위원회 활동을 지속할 수 있습니다.

(2) 회의(임원회의, 사업시행자 등 관계기관 회의, 주민총회)

대책위원회는 정당한 보상을 위하여 ① 임원회의, ② 사업시행자 등 관계기관 회의, ③ 주민총회 등 다양한 종류의 회의를 진행합니다.

임원회의는 정해진 날짜와 시간을 정하여 진행하는 정기 임원회의와 긴급한 경우 또는 수시로 진행하는 임시 임원회의가 있습니다. 일반적으로 정기 임원회의는 1주일 또는 2주일에 1회 간격으로 대책위원회 활동 계획, 실행 및 검토의 순으로 진행하고, 임시 임원회의는 소집 사유에 맞게 진행합니다.

사업시행자 등 관계기관 회의는 대책위원회가 주장하는 사항에 관한 협의를 목적으로 진행하는데, 사업시행자는 회의석상에서 처음 듣는 대책위원회의 주장에 대하여 원론적인 답변만을 하거나 준비를 위한 시간이 필요하다며 실질적인 협의를 지연시킬 우려가 큽니다. 따라서 대책위원회는 주장사항을 미리 사업시행자 등에게 제공하여 원만한 협의가 이루어질 수 있도록 준비하고, 가급적 정기적인 회의로 협의가 지속될 수 있도록 미리 협의의 방식과 일정을 조율할 필요가 있습니다.

대책위원회는 감정평가 추천서(동의서) 징구, 의견 청취 등을 목적으로 **주민총회**를 진행하기도 하는데, 주민총회는 토지등 소유자들 다수가 참석하므로 미리 장소, 안건 등을 정하여 토지등 소유자들에게 안내하여야 하고, 주민총회 당일 혼잡한 상황이 발생할 수 있으므로 다수의 진행요원을 배치하여 만일의 사태에 대비할 필요가 있습니다.

(3) 공문서 수·발신(사업시행자 등 관계기관, 언론사, 토지등 소유자 등)

대책위원회는 그 활동과정에서 ① 사업시행자, 지방자치단체 등에게 요구, 질의 및 확인하는 내용의 공문을 발신하고, ② 대책위원회의 주장사항 및 활동사항 등을 언론에 제보하며, ③ 토지등 토지소유자에게 대책위원회 활동 사항을 안내하거나 협조를 구하는 등의 공문을 발신하고 이에 대한 회신을 받는 등, 공문의 수·발신 행위는 대책위원회 활동 중 가장 빈도가 높은 활동 중 하나입니다.

사업시행자 등 관계기관과 공문을 주고받는 경우에는 그 내용을 명확하게 제시하여야 구체적인 답변을 회신 받을 수 있습니다. 대책위원회의 주장 내용이 모호하면, 사업시행자의 답변은 원론적인 수준에 머무르거나 질의 또는 요구사항과 전혀 관련 없는 내용으로 회신됩니다.

언론사 등에 보도자료 등의 형태로 공문을 발신하는 경우에는 행사 전에 미리 발신하거나 행사 직후 발신하여야 기사화될 가능성이 높습니다. 가령 대책위원회 총회가 있는 경우 적어도 총회 3~5일 전에 보도자료를 발신하여야 총회 당일 기자가 취재를 할 가능성이 높고, 총회 전 보도자료를 배포하지 않은 경우에는 총회 직후

인 총회 당일 또는 적어도 총회 다음날에는 보도자료를 발신하여야 기사에서 다뤄질 수 있습니다.

대책위원회가 **토지등 소유자들에게 발신하는 문서**는 일반적으로 대책위원회 활동을 안내하거나 대책위원회 활동인 총회 등의 참석 등을 요청하는 안내문인 경우가 많은데, 토지등 소유자들은 대부분 고령인 경우가 많으므로 그 내용을 시각화할 수 있는 자료를 바탕으로 간결하게 안내해야 합니다. 또한 긴급하게 안내가 필요한 경우 카카오톡, 네이버 밴드 등 SNS를 통한 안내를 활용하면 좋습니다.

사업시행자 등과 주고받는 모든 문서는 등기우편(또는 내용증명)을 활용하여 그 근거를 남기는 것이 좋고, 분실의 우려가 있으므로 주고받는 모든 문서는 스캔하여 전자파일 형태로 보관할 필요가 있습니다.

(4) 표준지공시지가 이의신청

표준지공시지가는 표준지에 대한 적정가격을 평가·공시하는 것으로, 국토교통부장관이 매년 말 표준지에 대한 감정평가를 전문기관에 의뢰한 후 그 결과를 다음해 1월 1일을 기준으로 공시하게 됩니다. 토지보상에 있어서는 개별공시지가가 아니라 이러한 표준지의 공시지가를 기초로 하여 개별 토지의 현황과 비교하는 방식을 취하므로, 표준지공시지가는 향후 보상평가에 있어서 핵심적인 기초가격이 됩니다.

대책위원회는 사업인정의 고시가 있기 전 표준지공시지가가 공시되는 경우 이에 대한 이의신청을 할 수 있습니다. 표준지 공시지가에 대한 이의신청은 국토교통부 장관이 표준지공시지가를 공시한 날부터 30일 이내에 서면으로 하여야 하고, 국토교통부 장관은 이의신청 기간이 만료된 날부터 30일 이내에 이의신청을 심사하여 그 결과를 신청인에게 서면으로 통지합니다.

한편, 표준지공시지가를 다른 소송에서 다툴 수 있는지도 자주 문제됩니다. 이에 대하여 명시적인 법규정은 없지만 법원에서 많이 다루어졌습니다.

일단 단순하게 요약하자면, 매월 4월 또는 5월경에 토지소유자에게 통보되는 개별공시지가를 다투는 불복절차나 양도세 또는 부가가치세 등 조세소송에서는 표준지공시지가를 다툴 수 없습니다. 그러나 토지보상금 증감을 다투는 불복 절차에서는 표준지공시지가의 적정 여부를 다툴 수도 있습니다.

판례 대법원 2007두13845 판결

> 표준지공시지가결정이 위법한 경우에는 그 자체를 행정소송의 대상이 되는 행정처분으로 보아 그 위법 여부를 다툴 수 있음은 물론, 수용보상금의 증액을 구하는 소송에서도 선행처분으로서 그 수용대상 토지 가격 산정의 기초가 된 비교표준지공시지가결정의 위법을 독립한 사유로 주장할 수 있다.

(5) 주민추천 감정평가사 선정을 위한 추천서(동의서)의 징구

토지 소유자들은 보상계획의 공고 만료일부터 30일 이내에 손실보상 협의를 위한 감정평가사를 추천할 수 있는데, 토지 소유자 수의 과반수와 토지 소유자가 소유하고 있는 면적 2분의 1 이상의 요건을 충족하여 감정평가사 1인을 추천할 수 있습니다.

예시

공익사업 지구의 면적이 100,000㎡이고, 토지소유자 수가 65인인 경우 면적 50,000㎡ 이상 소유한 토지소유자 33인 이상의 추천으로 감정평가사 1인 추천

주민추천 감정평가사 제도는 사업시행자가 수용절차 전반에서 주도권을 행사하는 수용제도의 한계 내에서 그나마 토지소유주들이 그 절차에 개입하여 의견을 개진할 수 있는 거의 유일하고도 몹시 중요한 장치이므로, 대책위와 토지소유주들은 가능한 한 반드시 위 요건을 갖추어 감정평가사를 추천할 필요가 있습니다.

그런데 대부분의 토지 소유자들은 어느 감정평가사가 토지 소유자들을 대변해서 감정평가를 잘해 줄 수 있는지 알 수 없고, 심지어 감정평가사를 한 명도 알지 못하는 경우도 많습니다.

그러므로 이 경우 대책위원회가 여러 명의 감정평가사와 소통하고 그 능력을 검증하는 것이 중요합니다. 이러한 검증을 거친 후

필요하면 총회를 열어 토지 소유자들이 직접 감정평가사를 선정할 수 있도록 절차를 거치는 것이 나중의 시시비비를 줄일 수 있는 좋은 방법입니다.

대책위원회가 토지 소유자들로부터 감정평가사 추천서(또는 동의서)를 징구하는 방법으로는, ① 대책위원회 발대식, ② 우편, 팩스 또는 사진, ③ 총회 등을 이용할 수 있습니다. 이 경우 토지 소유자의 **신분증 사본**을 첨부해야 합니다.

간혹 토지 소유자가 제출한 감정평가사 추천서가 중복으로 제출되었거나 대필이 의심되는 경우 사업시행자는 토지 소유자에게 직접 전화를 걸어 확인하는 경우가 있고, 감정평가사 추천서의 양이 많아 분실할 우려도 있으므로, 대책위원회는 감정평가사 추천서 징구 시 그 징구 및 보관에 있어 각별한 주의가 필요합니다.

(6) 간접보상(규모, 위치 등)의 협의

토지등 소유자들은 이주자택지, 생활대책용지, 협의양도인택지, 공장 이주대책 등 간접보상에 대한 관심이 많은데, 특히 위치, 면적, 수량, 공급 가격 등에 따라 받을 수 있는 간접보상의 수준과 이점이 크게 달라질 수 있습니다.

'주거용 건축물을 제공함에 따라 생활의 근거를 상실하게 되는 자'에게 공급하는 **이주대책**(법 제78조), '공장부지가 협의 양도되거나 수용됨에 따라 더 이상 해당 지역에서 공장을 가동할 수 없게 된 자'에게 공급하는 **공장의 이주대책**(법 제78조의 2)은, 이주대책에 따른 토지주의 권리만 규정할 뿐 그 구체적인 내용은 사업시행자의 내부 규정으로 정하고 있습니다.

또한 생활대책용지, 협의양도인택지 등은 별도의 법적 근거 없이 사업시행자의 내부 규정으로만 실행되고 있습니다. 따라서 각 대책에 따라 주어지는 간접보상의 내용과 조건에 관하여 사업시행자와의 협의 내지 협상이 관건적이라 할 수 있습니다.

그러므로 대책위원회는 먼저 '**체크리스트**', '**의향서**' 등을 통하여 토지등 소유자들이 받을 수 있는 간접보상의 종류, 선호하는 위치와 면적 등을 미리 파악하기 위한 의견수렴 절차를 거칠 필요가 있습니다.

대책위원회는 이렇게 의견수렴을 통해 정리된 객관적 자료를 바탕으로 그 지역 또는 분과별 핵심 주장사항을 요약 정리한 후, 사업시행자와 협의 또는 협상을 통해 그 내용을 구체화시켜 나가는 것이 좋습니다.

(7) 보상협의회

보상협의회는 사업시행자의 일방적인 사업시행 과정에서 토지등 소유자들의 민원이 발생함에 따라 보상절차 등의 지연으로 발생하는 손해를 줄이고 토지등 소유자들의 의견을 청취하여 공익사업을 원만히 시행하고자 하는 목적으로 도입되었습니다.

보상협의회는 사업지구를 관할하는 지방자치단체의 장(시장, 군수,

구청장)이 설치하는데 위원장은 주로 부시장(부군수, 부구청장) 급이 담당합니다. 이 제도는 2002년에 지방자치단체의 장이 그 설치 여부를 임의로 정할 수 있도록 처음 도입되었다가, 2007년부터 해당 공익사업지구 **면적이 10만㎡**이고 **토지소유자등이 50명 이상**인 지역에서는 **의무적으로 설치**하도록 개정되었습니다.

보상협의회의 위원 16명 중 토지등 소유자 또는 관계인은 3분의 1 이상의 비율로 참여하게 됩니다. 필요시 법률대리인 또는 감정평가사를 포함하여 대책위원회 보상협의회 위원을 미리 정할 필요가 있으며, 위원 이외의 토지등 소유자가 참관할 수 있도록 참관인의 수와 회의의 주기 및 그 횟수를 지방자치단체의 장 및 사업시행자와 협의할 필요가 있습니다.

보상협의회 안건은, ① 보상액 평가를 위한 사전 의견수렴, ② 잔여지의 범위 및 이주대책 수립, ③ 해당 사업지역 내 공공시설의 이전 등, ④ 토지소유자 등이 요구하는 사항 중 지방자치단체의 장이 필요하다고 인정하는 사항, ⑤ 그 밖에 지방자치단체의 장이 회의에 부치는 사항 등입니다(법 제82조 제1항).

따라서 대책위원회는 토지등 소유자들로부터 수렴한 의견을 토대로 작성한 안건을 보상협의회가 열리기 전에 지방자치단체의 장 및 사업시행자에게 발송하여 답변을 미리 준비해 올 수 있도록 하는 것이 좋습니다.

다만, 보상협의회는 의결 기구가 아니고 사업시행자가 정당하다고 인정하는 사항에 대해서만 이를 반영하므로 그 한계가 명확하고, 또한 사업시행자가 토지등 소유자들과 원만하게 협의하였다는 자료로 활용하기 위한 목적으로 운영되어 원래의 제도 취지와 달리 오히려 사업시행자에게 유리하게 활용되는 경향이 있으므로, 협의회에 대하여 지나친 기대나 환상을 가질 필요는 없고 대책위원회의 협상전략에 따라 적절히 활용한다는 생각으로 임하면 될 것입니다.

(8) 집회 및 시위

대책위원회는 협상의 전술로서나 주요 주장사항을 관철시키기 위해서 사업시행자 또는 관계기관을 상대로 옥외 집회 및 시위를 진행하기도 하는데, 이는 **헌법상 기본권**인 **집회 및 시위의 자유** 행사의 일환입니다.

옥외 집회 및 시위는 집회 및 시위장소를 관할하는 경찰서 민원실(또는 정보과)에 목적, 시간, 장소, 방법, 준비물 등을 양식에 맞춰 기재하여 최소 48시간 이전에 신고를 하여야 합니다(다만, 1인 시위는 신고 없이 가능합니다). 신고를 할 때에는 집회 및 시위 참가 예정 인원의 10%에 해당하는 **질서유지인**을 두어야 합니다.

집회 및 시위는 정해진 시간, 장소 및 방법을 준수하여야 하며, 주간(07시~해지기 전) 시간대에는 등가소음도가 65dB(A)이하여야 하고, 최고소음도가 95dB(A)를 초과하여서는 안 됩니다(주거지역, 학교, 종합병원, 공공도서관은 최고소음도 85dB(A) 기준).

집회 및 시위를 남발하거나 예상 외로 그 참가 인원이 적을 경우 오히려 역효과가 나타날 수 있으므로 대책위원회는 그 실행 여부를 신중히 결정할 필요가 있습니다.

(9) 홍보활동

토지등 소유자들은 공익사업의 발표 후 공익사업과 관련된 정보를 대부분 언론이나 유튜브와 같은 인터넷에서 습득하는데, 이러한 정보들은 사실과 다르거나 불필요한 오해를 발생시키는 경우가 많습니다.

게다가 토지등 소유자들은 대책위원회에 회원으로 가입 후 대책위원회가 어떠한 활동을 하는지 궁금해 하는 경우가 많고, 대책위원회가 활동 사항을 홍보하지 않는 경우 대책위원회를 불신하는 경우도 있습니다.

따라서 대책위원회는 공익사업에 관한 정확한 내용과 대책위원회의 활동 사항 등을 토지등 소유자들에게 지속적으로 홍보함으로써 토지등 소유자들과의 결합력을 높여 나갈 필요성이 있습니다.

대책위원회가 토지등 소유자에게 정보를 제공할 수 있는 홍보 수단으로는 ① 우편물 발송, ② 카카오톡 등 단체 대화방, ③ 네이버 밴드 등이 있습니다.

먼저 **우편물 발송**은 공익사업에 관한 사항이나 대책위원회 활동 등이 중요한 내용일 경우 주로 사용되는데, 우편물 발송에는 상당한 시간과 비용이 소요될 수 있습니다.

카카오톡 등 단체 대화방의 경우 대책위원회 회원들에게 비용을 들이지 않고 실시간으로 그 내용을 전달할 수 있는 장점이 있지만, 일상적인 대화에 전 회원이 노출되다 보니 대화방 내에서 회원들 사이에 크고 작은 분쟁이 발생하거나 감정소모가 다수 발생할 수 있다는 점을 유의하여야 합니다.

네이버 밴드의 경우 과거 포털사이트 네이버, 다음의 카페와 같은 형태로 운영이 되므로 우편발송과 카카오톡 등 단체 대화방의 중간 형태로 운영할 수 있는 장점이 있습니다.

대책위원회가 토지등 소유자들에게 정확한 정보를 신속하게 제공하고 토지등 소유자들 또한 대책위원회 활동에 신뢰를 갖게 된다면, 이는 곧 조직의 힘으로 나타나므로 대책위원회가 사업시행자 등과 협상할 때에 가장 중요한 기반이 될 수 있습니다.

(10) 법률 및 세무 서비스 제공

공익사업지구 내에서 토지등 소유자들은 소유하고 있는 토지등에 대한 직접보상뿐만 아니라 각자 처한 상황에 따라 다양한 형태의 간접보상을 받게 됩니다.

대부분의 토지등 소유자들은 사업시행자의 보상계획 공고 또는 손실보상금 협의 통지 이후에 어떻게 대처를 해야 할지 고민을 시작하는데, 이 경우에는 이미 손을 쓸 수 있는 시기를 놓쳐 버린 경우가 많습니다.

또한 토지등 소유자들은 직·간접보상 이외에도 임대인과 임차인 사이의 분쟁, 종중과 종중원 사이의 분쟁, 상속으로 인한 분쟁 등 다양한 분쟁이 있으며, 복잡한 증여세·상속세·양도소득세 등의 세금 문제도 겪고 있습니다.

대책위원회는 토지등 소유자의 직·간접보상을 포함한 다양한 법률문제와 각종 세금에 관한 문제를 해결하기 위해 **자문 법무법인과 세무법인**을 통한 법률·세무 서비스를 체계적으로 제공함으로써 토지등 소유자들의 신뢰를 얻을 수 있습니다.

007 사업을 취소시킬 수는 없나요?

공익사업은 토지등 소유자들의 의사와 무관하게 법률을 통해 강제적으로 시행되므로 토지등 소유자들은 공익사업의 취소를 원하거나 공익사업에 본인의 토지가 편입되지 않기를 바라는 경우가 많지만, 실제 공익사업이 취소되는 경우는 그리 많지 않습니다.

공익사업의 취소는 ① **행정소송**을 통하여 지구지정 취소 또는 지구지정 무효확인의 판결이 확정되거나, ② **사업시행자가 사업성 등의 이유로 자발적으로 사업추진을 중단**하는 경우 가능합니다.

토지등 소유자들이 공익사업의 취소를 구하는 행정소송을 제기하려는 경우, 인·허가권자가 지구 지정 고시를 한 후 90일 이내에 관할 행정법원에 지구지정 취소소송을 제기하여야 하고, 법원은 인·

허가권자의 지구지정이 위법·부당한 경우 취소판결을 선고합니다. 또한 지구지정 고시 후 90일을 도과한 경우에는 관할 행정법원에 지구지정 무효확인의 소를 제기할 수 있으나, 인·허가권자의 지구지정이 단순히 위법·부당한 경우를 넘어서 **중대하고 명백한 하자가 있는 경우에 한하여** 무효를 확인하는 판결을 선고합니다.

한편 수도권에서 대규모 공익사업이 취소된 대표적 사례인 시흥광명 보금자리주택지구, 하남감북 보금자리주택지구의 경우(두 지구 모두 2010년 지구 지정, 2015년 해제), 토지등 소유자들이 지구지정 취소를 구하는 행정소송을 제기하였으나 모두 패소하였음에도 불구하고 사업시행자가 사업성 악화 등의 사유로 자발적으로 사업을 취소한 경우입니다.

일부 토지등 소유자들의 경우에는 공익사업의 취소가 아닌 본인 소유의 토지등이 공익사업지구에서 제외되길 바라는 경우가 있는데, 이를 '**제척**' 요구라 합니다. 그러나 이러한 제척 요구조차 공익사업지구의 경계선에 위치한 토지가 사업지구의 정형화 등의 이유로 제외되는 경우 외에는 그 예가 많지 않습니다.

공익사업지구 중앙에 위치한 경우라도 종교시설, 요양원 등 존치의 필요성이 인정되는 경우에는 간혹 공익사업지구에서 제척되어 존치되는 경우도 있지만, 이는 대부분 사업계획단계에서 반영되는 경우가 많고 사업 발표 후에 제척되는 경우는 매우 드문 것이 현실입니다.

토지등 소유자들은 사업시행자의 일방적인 사업시행에 대하여 지구지정 취소소송 또는 무효확인 소송 등 행정소송을 제기하거나, **사업 중지**(또는 공사 중지) **가처분 소송** 등을 제기하여 사업시행자의 사업 추진을 중단하고자 하는 경우가 있습니다.

토지등 소유자들이 지구지정 취소소송을 제기하더라도 소제기만으로 지구지정의 효력이 중단되지는 않습니다.

토지등 소유자가 소제기와 동시에 사업 추진을 중단하고자 하는 경우에는 행정소송법 제23조 제2항에 따라 본안 소송을 제기한 법원에 **집행정지신청**을 할 수 있는데, 법원은 지구지정 처분의 효력이 계속되는 경우 '회복하기 어려운 손해를 예방하기 위하여 긴급한 필요가 있다고 인정할 때' 그 집행을 정지하는 결정을 선고하게 됩니다.

집행정지는 일반적으로 심문기일을 거친 후 법원에서 신속하게 결정합니다. 그리고 민사소송에서의 가처분과 달리 집행정지 신청은 본안소송인 행정소송(예를 들어, 지구지정 무효확인 또는 취소소송)과 함께 또는 본안소송 제기 후 접수하여야 합니다.

그러나 집행정지의 경우 본안인 행정소송에 비하여 '**회복하기 어려운 손해**', '**긴급성**', '**고도의 소명**' 등 승소를 위한 난관이 많고, 집행정지 신청사건에서 패소하는 경우 그 결과가 본안인 행정소송과 대책위원회 및 토지등 소유자들의 전반적인 분위기에 부정적인 영향을 크게 미칠 수 있으므로, 집행정지를 신청할 때는 이러한 여러 사항을 고려하여 신중하게 결정할 필요가 있습니다.

CHAPTER

02

보상절차

02 보상절차

009 보상절차는 어떻게 진행되나요?

보상절차는 크게 보상금액의 통지 시점을 기준으로 나누어 볼 수 있습니다. 보상금액 통지 전 절차로서 ① **토지 및 물건등(지장물) 조사**, ② **보상계획 공고 · 통지 및 열람**, ③'**협의**'**감정평가**가 있고, 보상금액 통지 후 절차로서 ① **협의**, ② **수용재결**, ③ **이의재결**, ④ **행정소송**이 순서대로 진행됩니다.

(1) 보상금액 통지 전 · 후 특징

① 보상금액 통지 전

보상금액의 통지 전 절차는 거의 사업시행자가 주도권을 가지고 일방적으로 진행하기 때문에, 토지등 소유자들로서는 진행과정을 알기도 힘들 뿐만 아니라 설사 그 과정을 알게 되더라도 절차에 관여할 여지가 매우 적습니다. 따라서 대책위원회 등 조직을 중심으로 집단적 대응을 하는 것이 훨씬 효율적일 수 있습니다.

② 보상금액 통지 후

보상금액 통지 전에는 집단적 대응에 초점이 맞춰진다면, 보상금액 통지 이후에는 관심사가 보상지역 전체의 이슈보다는 개인적인 사항으로 전환됩니다. 보상금액 통지 후에는 토지등 소유자들 각자의 경제적 이해관계에 따라 협의를 할지, 불복절차로 나아갈지 결정하게 되기 때문입니다. 불복절차를 진행하게 되면 토지등 소유자들은 일종의 심판으로서 개입하게 되는 행정기관 또는 사법부에 적극적으로 의견을 개진할 수 있습니다.

(2) 보상절차 개괄

보상절차는 대략 아래 표와 같이 진행됩니다. 단계별 세부내용은 후술하도록 하겠습니다.

▶ 손실보상 업무절차도

	토지, 물건 등 조사	• 사업시행자의 토지 및 물건조사
	▽	
	보상계획 공고·열람	• 보상시기, 방법 등 공고 • 토지 및 물건조서 내용 확인
1단계 협의	▽	
	감정평가사 추천	• 토지면적 2분의 1 이상 및 토지소유자 과반수의 동의
	▽	
	협의 감정평가	• 감정평가사 3인(주민 추천이 없는 경우 2인)의 감정평가
	▽	
	협의요청	• 협의 성립 시 보상액 수령 및 소유권 이전 • 협의 불성립 시 불복절차 진행
2단계 수용 재결	재결신청 (사업시행자)	• 소유자의 재결신청청구(조속재결청구) • 사업시행자의 재결신청
	▽	
	감정평가 (수용재결)	• 관할 토지수용위원회 선정 2인의 감정평가사

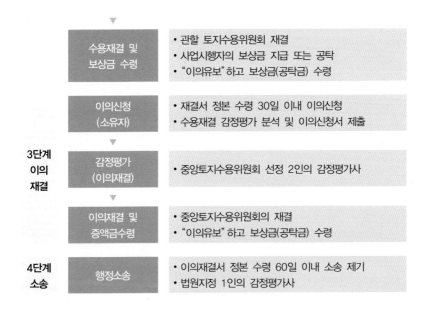

수용재결 및 보상금 수령	• 관할 토지수용위원회 재결 • 사업시행자의 보상금 지급 또는 공탁 • "이의유보"하고 보상금(공탁금) 수령	
이의신청 (소유자)	• 재결서 정본 수령 30일 이내 이의신청 • 수용재결 감정평가 분석 및 이의신청서 제출	
3단계 **이의** **재결** / 감정평가 (이의재결)	• 중앙토지수용위원회 선정 2인의 감정평가사	
이의재결 및 증액금수령	• 중앙토지수용위원회의 재결 • "이의유보"하고 보상금(공탁금) 수령	
4단계 **소송** / 행정소송	• 이의재결서 정본 수령 60일 이내 소송 제기 • 법원지정 1인의 감정평가사	

(3) 보상금액 통지 전 절차 ①: 토지 및 물건 조사

사업시행자는 공익사업의 수행을 위하여 사업인정 전에 협의에 의한 토지등의 취득 또는 사용이 필요할 때에는 토지조서와 물건조서를 작성하여 서명 또는 날인을 하고, 토지소유자와 관계인의 서명 또는 날인을 받아야 합니다(토지보상법 제14조 제1항).

이와 같은 토지조서 및 물건조서 작성제도는 사업시행자, 토지소유자 등으로 하여금 미리 토지나 물건에 대하여 필요한 사항을 확인하게 함으로써 이후의 취득과정에서 당사자 간의 분쟁의 소지를 사전에 예방하여 공익사업을 원활하게 진행하기 위한 제도입니다.

즉, **토지조서 및 물건조서의 작성은 보상대상인 토지 및 물건을**

확정하여 보상의 범위를 결정하는 단계로서 사업시행자가 보상금액을 통지하기 전에 거쳐야 하는 가장 중요한 절차 중 하나라고 할 수 있습니다.

대개 토지등 소유자들은 대책위원회를 중심으로 토지 및 물건 조사를 거부하는 단결된 모습을 통해 수용에 대한 반대 목소리를 내는 한편 사업시행자에 대한 협상력을 키우곤 합니다.

사업시행자가 토지 및 물건 조사를 함에 있어 토지등 소유자들의 협조가 불가피한 만큼 어느 정도의 집단적 대응을 통해 협상력을 높이는 것은 바람직하다고 생각됩니다. 그러나 토지소유자 및 관계인이 정당한 사유 없이 토지 및 물건 조서에 서명 또는 날인을 거부하는 경우 등에는 토지소유자 및 관계인의 서명 또는 날인 없이도 토지 및 물건 조서가 완성될 수 있다는 점(토지보상법 제14조 제1항 단서)을 유의하여 집단적 대응의 수위를 조절해야 할 것입니다. 보다 구체적인 내용은 20번 문항을 참고하시기 바랍니다.

(4) 보상금액 통지 전 절차 ②: 보상계획공고 및 열람

수용은 국민의 권리를 침해하는 국가행위인 만큼, 그 과정에 있어 당사자에게 적절한 고지를 통해 의견 및 자료 제출의 기회를 부여하는 등 적법절차의 원칙이 적용되어야 합니다.

이에 토지보상법은 사업시행자로 하여금 토지조서와 물건조서를 작성하였을 때에는 공익사업의 개요, 토지조서 및 물건조서의 내용과 보상의 시기·방법 및 절차 등이 포함된 보상계획을 전국을 보급지역으로 하는 일간신문에 공고하고, 토지소유자 및 관계인에게 각각 통지하도록 규정하고 있습니다(토지보상법 제15조 제1항).

※ 토지소유자와 관계인이 20인 이하인 경우에는 공고를 생략할 수 있음

또한 사업시행자가 이와 같은 공고나 통지를 하였을 때에는 그 내용을 14일 이상 일반인이 열람할 수 있도록 하고 있습니다(토지보상법 제15조 제2항).

이와 같은 절차를 흔히 '보상계획공고 및 열람'이라고 하는데, 이를 기점으로 본격적인 수용 및 보상 절차가 진행된다고 볼 수 있습니다.

토지등 소유자는 '보상계획공고 및 열람'이 이루어지면 공고되거나 통지된 토지조서 및 물건조서의 내용에 오류가 없는지 꼭 확인해야 합니다. 만약 토지조서 및 물건조서의 내용이 잘못되었다면 향후 진행되는 절차에서 불이익을 받지 않도록 반드시 열람기간 이내에 사업시행자에게 서면으로 이의를 제기하여야 합니다.

(5) 보상금액 통지 후 절차 ①: 협의

협의단계는 최초 통보된 보상금액에 대하여 토지등 소유자가 그 가격으로 사업시행자와 매매계약을 체결할지 여부를 결정하는 단계입니다. 사업시행자와 협의하면 이로써 보상절차는 종료되고 법적 불복절차로 나아가지 못합니다. 그러나 통보된 보상금액에 불만족하여 협의를 하지 않으면 사업시행자가 토지수용위원회에 수용

재결 신청을 하거나, 토지등 소유자가 사업시행자에게 수용재결 신청을 청구함으로써 수용재결 절차로 이행하게 됩니다.

(6) 보상금액 통지 후 절차 ②: 수용재결

수용재결은 사업시행자가 수용업무를 전담하는 협의체 행정기관인 관할 토지수용위원회에 수용재결을 신청함으로써 개시됩니다. 헌법 제23조 제3항과 이 조항에 근거하여 제정된 토지보상법상 '**수용**'의 의미, 즉 <u>토지등 소유자의 의사와 관계없이 그 **소유권이** 사업시행자에게 **강제적으로 이전**</u>되는 법적 효과는 바로 이 절차에서 실현됩니다.

사업시행자가 수용재결 신청을 하면, 관할 시장·군수·구청장 또는 토지수용위원회가 공고·열람하고, 열람 기간 내에 토지소유자들은 의견서를 제출할 수 있습니다.

관할 토지수용위원회는 2인의 감정평가사를 지정하여 새로이 감정평가를 하고, 이 감정평가 금액을 정당한 보상금액으로 결정하여 수용재결을 합니다. 수용재결을 할 때 일반적으로 수용재결일로부터 15일 내지 30일 이후에 특정일을 '수용개시일'로 정하는데, 이 날을 기준으로 사업시행자는 토지소유자에게 직접 보상금을 지급하거나 법원에 공탁을 하게 됩니다. 보상금이 지급되거나 공탁된 날 토지의 소유권은 별도의 이전등기 절차 없이 사업시행자에게 법적으로 이전된 것으로 간주됩니다.

(7) 보상금액 통지 후 절차 ③: 이의재결

토지등 소유자는 수용재결에 불만족하는 경우 재결서의 정본이 송달된 날부터 30일 이내에 이의신청을 할 수 있습니다. 이때 중앙토지수용위원회에서 수용재결이 있었던 경우라면 중앙토지수용위원회에 이의를 신청할 수 있지만, 지방토지수용위원회에서 수용재결이 있었던 경우라면 해당 지방토지수용위원회를 거쳐 중앙토지수용위원회에 이의를 신청해야 합니다. 이의신청을 하더라도 수용재결에 따른 보상금액은 전액 수령할 수 있습니다. 다만, 보상금을 수령할 때 반드시 '이의유보'의 표시를 하여야 합니다.

토지등 소유자는 수용재결 단계에서 일단 보상금을 전부 받게 되고, <u>의의신청을 하더라도 다른 불이익이 없는 반면 오히려 보상금 증액의 기회가 한 번 더 주어지므로 대부분 의의신청을 합니다.</u>

중앙토지수용위원회는 수용재결과 마찬가지로 2인의 감정평가사를 지정하여 다시 감정평가를 하여 보상금액을 결정하게 되는데, 이를 이의재결이라 합니다.

(8) 보상금액 통지 후 절차 ④: 행정소송

수용재결 또는 이의재결 결과에 만족하지 못한 토지등 소유자는 마지막으로 사법부인 법원에 행정소송을 제기할 수 있습니다. 수용재결 이후 이의재결을 거치지 않고 바로 행정소송을 제기하는 경우라면 수용재결 재결서 정본을 송달받은 날로부터 90일 이내에 소를 제기해야 하고, 이의재결을 거치는 경우라면 이의재결 재결서 정본을 송달받은 날로부터 60일 이내에 소를 제기해야 합니다.

행정소송 단계에서 토지등 소유자는 정당한 보상금에 관해 감정 신청을 할 수 있고, 감정신청이 채택되면 법원은 감정평가사 중 1 인을 지정하여 감정평가를 진행하도록 합니다. 감정평가 결과 재결 단계보다 보상금이 증액될 경우 법원은 그 증액 금액의 지급을 명 하는 판결을 합니다.

일반적으로 지목과 현실적 이용상황이 다르다거나 잔여지의 평 가가 문제되는 경우 등과 같이 법적인 쟁점이 있는 사안의 경우, 수용재결이나 이의재결 단계에 비하여 행정소송 단계에서 원고의 주장이 인용되는 경우가 많습니다.

010 협의를 하는 것과 불복하여 수용단계로 나아가는 것은 어떤 차이가 있나요?

사업시행자가 토지소유자들의 토지를 취득하는 방법은 두 가지 입니다. 하나는 토지등 소유자와 사업시행자가 협의를 하는 협의취 득이고, 다른 하나는 관할 토지수용위원회의 수용재결에 의한 취득 입니다.

법원은 협의취득이 사법상 법률행위로서 일반 매매계약과 같은 것으로 보고 있습니다. 따라서 당사자 사이의 자유로운 의사에 따라 채무불이행책임이나 매매대금 과부족금에 대한 지급의무를 약정할 수 있고, 그 매매대금 등에 관한 다툼은 당사자의 의사해석에 관한 문제이므로 협의계약서의 내용에 기초하여 판단하게 됩니다 (대법원 2012. 2. 23. 선고 2010다91206 판결). 결국 협의취득에서는 토지소유자와 사업시행자가 보상금을 정하면 이를 다시 다툴 여지가 매우 적으며, 실질적으로 보상절차는 여기서 종료된다고 볼 수 있습니다. 협의취득 과정에도 일부 공법적 규제가 적용되지만, 협의의 결과에 대하여는 계약의 구속력이 강하게 작동하므로 협의의 내용을 잘 확인한 후 응할 필요가 있습니다.

한편, 협의취득이 당사자 사이에 자유로운 의사에 따라 이루어진다고 하더라도 협의취득의 배후에는 사업시행자가 수용에 의한 강제취득 수단을 여전히 실행할 수 있기 때문에, 토지등 소유자로서는 협의에 불응하면 바로 수용을 당하게 된다는 심리적 강박감에 쫓길 수밖에 없는 것이 현실입니다,

반면에 수용재결에 의한 취득은 일반적인 매매계약과 달리 관할 토지수용위원회의 수용재결을 통한 강제취득이라는 점에서 큰 차이가 있습니다. 수용재결은 토지소유자의 의사와 무관하게 이루어지는 행정처분이므로 토지소유자는 보상금에 관하여 불만이 있으면 이의재결, 행정소송을 통해 그 보상금을 계속 다툴 수 있습니다.

이와 같은 차이점 때문에 협의취득의 경우에는 정해진 날짜에 보상금이 지급되지 않으면 이자를 지급하도록 약정하는 등 사업시행자와 자유로이 그 대금지급 등에 관한 내용을 정할 수 있지만,

수용에 따른 취득의 경우에는 수용개시일까지 보상금을 지급하지 않으면 재결이 실효되는 등(법 제42조 제1항), 토지보상법에서 정한 절차가 우선적으로 적용됩니다.

011 수용재결로 결정된 보상금에 대하여 이의제기를 할 수 있나요?

토지등 소유자는 수용재결에서 결정된 보상금에 불만이 있다면 지방토지수용위원회를 거쳐 중앙토지수용위원회에 이의를 신청할 수 있습니다(수용재결이 중앙토지수용위원회에서 있었다면 중앙토지수용위원회에 바로 이의신청). 이렇게 이의신청을 하면 이의재결이 이루어지게 되고, 이의재결에 대해서는 행정소송을 통해 다시 한번 불복절차를 거칠 수 있습니다.

한편 이의재결을 거치지 않고, 수용재결에 대해 바로 행정소송을 제기할 수도 있습니다.

수용재결이 있으면 일단 이의유보를 하고 보상금 전액을 수령할 수 있는 점, 이의재결과 행정소송 각 단계를 거칠 때마다 감정평가를 새로이 하게 되는 점 등을 고려할 때, 수용재결 이후 불복절차는 거치는 편이 좋습니다.

수용재결에 대한 이의신청은 수용재결서의 정본을 받은 날부터 30일 이내에 제기하여야 합니다. 행정소송의 경우에는 수용재결서를 받은 날로부터 90일 이내에, 만약 이의재결을 거쳤다면 이의재결서를 받은 날부터 60일 이내에 하여야 합니다. 이 기간은 소송법상 불변기간이기 때문에 기간이 지나 제기한 각 신청 또는 소 제기는 각하되어 불복절차로 더 나아가지 못하고 종료되므로 유의하여야 합니다.

012 공유자들 또는 상속인들 중 일부만 이의제기를 할 수 있나요?

토지보상은 개인별로 보상액을 산정할 수 없는 경우를 제외하고는 토지소유자 개인별로 보상금을 지급하여야 합니다(법 제64조). 따라서 공유토지라 하더라도 공유자의 지분에 관하여 개별적으로 보상이 이루어지는 것이 원칙이고, 이와 같은 경우에는 공유자별로 각 보유지분에 대한 토지보상금에 대하여 이의신청 등 불복절차를 별도로 할 수 있습니다.

공동상속의 경우에도, 상속인들은 상속재산을 공유하므로(민법 제1006조) 일반적인 공유와 마찬가지로 공유자별로 이의신청을 각자할 수 있습니다. 그러나 상속지분에 관하여 다툼이 있는 경우에는 이의신청을 하거나 행정소송을 제기함에 있어 일반인으로서는 대처하기 어려운 법적인 쟁점들이 있을 수 있으므로 그 제소기간 등이 도과하기 전에 법률전문가와 상담하여 제대로 대처할 필요가 있습니다.

보상금은 언제, 어떻게 받을 수 있나요?

협의를 하는 경우에는 **협의 계약에서 정한 날**에 사업시행자에게 받는 것이 원칙입니다.

이와 달리 수용재결의 절차를 거치는 경우에는 수용재결에서 따로 정한 날인 **수용개시일**까지 사업시행자가 토지등 소유자에게 수용보상금을 지급하여야 하므로, 그때 보상금을 직접 지급받거나 법원에 공탁된 돈을 찾으면 됩니다.

최초 보상금 통지를 할 때 사업시행자가 별도의 협의기간을 제시하는데, 그 협의기간 종료일로부터 4개월 내지 6개월 후에 수용재결이 나고, 수용재결일로부터 15일 내지 30일 내로 수용개시일이 정하여지는 것이 통상의 관례입니다.

014 이의유보가 무엇인가요?

수용재결 보상금에 관하여 이의신청 또는 행정소송을 제기하고자 하는 경우에는 그 보상금을 수령할 때 반드시 '**이의유보**'의 의사표시를 하여야 합니다.

'이의유보'의 의사표시란 변제공탁의 피공탁자가 공탁물 출급청구 시 공탁원인에 승복하여 공탁물을 수령하는 것이 아님을 분명히 하여 공탁한 취지대로 채무소멸의 효과가 발생하는 것을 방지하려는 의사표시로써(『공탁실무편람』, 법원행정처), 돈은 찾지만 그 결과에는 승복하지 않으므로 계속 다투겠다는 취지의 의사표시를 하는 것을 말합니다.

따라서 이와 같은 이의유보의 의사표시를 하지 않는 경우에는 수용재결 결과에 승복하는 것으로 보아 이의신청이나 행정소송을 제기하여 보상금이 증액되는 감정평가 결과가 나왔다 하더라도 해당 이의신청이나 소는 '각하'됩니다. 이때 각하란 그 내용과 상관없이 형식을 갖추지 못하여 배척하는 것을 말합니다. 따라서 실제 보상금의 증액이 있다고 하더라도 그 증액된 금원을 받지 못하는 것은 물론이고 후속 불복절차를 계속 이어 나가지 못하고 모든 절차가 종결되므로 이 점을 매우 주의하셔야 합니다.

이의유보의 의사표시는 공탁공무원 또는 사업시행자 모두에게 할 수 있습니다.

법원에 보상금이 공탁된 경우 공탁금 출급청구서에 **'이의유보'**를 기재하거나 **'이의유보'**란에 체크하는 방식으로 하면 됩니다. 그러나 사업시행자에 대하여 보상금을 청구할 때 보상금청구서에는 별도의 이의유보 체크란이나 기재란이 없는 경우가 있으므로, 이 경우에는 여백 등에 반드시 직접 **'이의유보'**라고 기재하여야만 합니다.

보상금 출급업무를 담당하는 직원에게 말로 이의유보 의사를 표시하거나, 별도의 용지에 이의유보라고 적어 제출하는 것은 향후 입증의 어려움으로 인해 그 의사표시가 없었던 것으로 인정될 수 있으므로, 반드시 보상금청구서 또는 공탁금 출급청구서 용지에 직접 기재하시기 바랍니다.

015 수용재결에 대하여 다투고 싶은데 보상금을 전액 수령해도 되나요?

협의단계에서 통보된 보상금을 수령하면 이는 협의한 것으로 간주되어 더 이상 불복절차를 진행할 수 없지만, 수용재결에 따른 보상금은 전액 수령하여도 이의신청이나 행정소송을 진행할 수 있습니다. 다만 앞에서 설명한 것처럼 반드시 '이의유보'의 의사표시를 하고 수령하여야 합니다.

이후 이의재결과 행정소송 절차에서는 수용재결의 보상액에서 '증액된 보상금'만큼 각 지급받게 됩니다. 따라서 쉽게 생각하면 협의에 응하지 않고 불복절차로 나아갈 경우, 1차적으로 수용재결이 있은 때 협의보상금을 기초로 다시 감정평가한 토지보상금의 전액을 수령하는 것이고, 그 이후 이의신청과 행정소송에서는 각 단계별로 증액된 보상금만 수령하는 것이라고 생각하면 됩니다.

016 공탁금 출급은 어떻게 하나요?

공탁금을 출급하기 위해서는 보상금이 공탁된 법원의 공탁소로

가서 공탁물 출급청구서 2통과 함께 공탁통지서를 공탁관에게 제출하여야 합니다. 이때 그 공탁물 출급청구서는 출급청구권자가 제출하여야 하는데, 사업시행자가 토지수용보상금을 공탁하면서 피공탁자를 특정하여 공탁하였다면 피공탁자가 출급권자가 됩니다. 보통은 피공탁자는 토지소유자가 됩니다.

이때 공탁물 출급청구서를 제출할 때에는 공탁관이 발송한 공탁통지서를 첨부해야 하는데, 다만 ① 토지수용보상금 출급청구인이 자연인(일반 보통 사람을 뜻합니다)이거나 법인인 경우에는 출급청구하는 공탁금액이 5,000만 원 이하인 경우, ② 토지수용보상금 출급청구인이 관공서이거나 법인 아닌 사단이나 재단인 경우에는 공탁금액이 1,000만 원 이하인 경우, ③ 공탁서나 이해관계인의 승낙서를 첨부한 경우, ④ 강제집행이나 체납처분에 따라 공탁물 출급청구를 하는 경우, ⑤ 공탁통지서를 발송하지 않았음이 인정되는 경우에는 이를 첨부하지 않아도 됩니다.

여기서 다시 한번 주의해야 할 것은, 만일 이의재결이나 행정소송 절차를 준비하고 계시다면 그 출급청구 시 반드시 '**이의유보**'의 의사표시를 하여야 합니다. 보통 공탁통지서에 이의유보 체크란이 있어 거기에 체크하는 것으로도 충분하고, 해당란이 없다면 출급청구서 용지 여백에 이의유보라고 써서 제출하면 됩니다.

보상협의회는 해당 공익사업이 일정 규모 이상이면 반드시 설치 하여야 합니다. 이를 설치하지 않고 수용재결을 신청한 경우 중앙 토지수용위원회가 이와 같은 수용재결신청은 부적법하다고 하여 각하한 경우도 있습니다.

보상협의회는 설치 여부가 지방자치단체장의 선택사항인 **임의 적 보상협의회**와 반드시 설치하여야 하는 **의무적 보상협의회**로 구 분할 수 있습니다.

보상협의회의 설치에 관해 토지보상법은 해당 사업지역을 관할 하는 지방자치단체의 장이 필요하다고 인정한 경우 설치할 수 있다 고 규정하고 있어(법 제82조, 같은 법 시행령 제44조), 원칙적으로 보상협 의회의 설치는 임의사항입니다.

그러나 해당 공익사업지구의 면적이 10만 제곱미터 이상이고, 토지등 소유자가 50인 이상인 경우 관할 지방자치단체장은 보상계 획의 열람기간 만료 후 30일 이내에 보상협의회를 설치하고, 이를 사업시행자에게 통지하여야 합니다(법 제82조, 같은 법 시행령 제44조의 2).

다만 이처럼 의무적으로 보상협의회를 설치하여야 하는 경우에 도, ① 해당 사업지역을 관할하는 시 등의 부득이한 사정으로 보상 협의회 설치가 곤란한 경우, ② 공익사업을 시행하는 지역이 둘 이 상의 시·군 또는 구에 걸쳐 있는 경우로서 보상협의회 설치를 위한 해당 시장·군수 또는 구청장 간의 협의가 보상계획의 열람기간 만료 후 30일 이내에 이루어지지 아니하는 경우 중 어느 하나에 해당하는 경우에는, 해당 지방자치단체의 장이 아닌 사업시행자가 보상협의회를 지체 없이 설치하여야 하고 시장 등에게 이를 통지하여야 합니다.

2021년 현시점에 주로 시행되고 있는 3기 신도시 등 규모가 큰 개발사업의 경우, 대부분 공익사업지구의 면적이 10만 제곱미터 이상이고 토지등 소유자가 50인 이상이기 때문에 보상협의회 설치는 의무사항입니다.

한편 보상협의회 설치의무가 있음에도 이를 설치하지 않은 경우에 수용재결이 각하된 바 있으니 그 설치 여부를 잘 확인하여야 하고 이를 전략적으로 활용할 필요가 있습니다.

의무적 보상협의회를 설치하여야 하는 공익사업인지 여부를 판단하는 공익사업지구 면적은 보상대상 면적이 아닌 해당 공익사업지구 전체 면적을 기준으로 하며, 토지등 소유자의 수는 보상대상자가 아닌 전체 소유자 수를 기준으로 함에 유의하여야 합니다 (2012. 11. 15. 토지정책과-5751).

018 보상협의회의 구성, 협의 내용 등

보상협의회에서는 ① 보상액 평가를 위한 사전 의견수렴에 관한 사항, ② 잔여지의 범위 및 이주대책 수립에 관한 사항, ③ 해당 사업지역 내 공공시설의 이전 등에 관한 사항, ④ 토지소유자 등이 요구하는 사항 중 지방자치단체의 장이 필요하다고 인정하는 사항, ⑤ 그 밖에 지방자치단체의 장이 회의에 부치는 사항 등을 협의하여야 합니다.

이 중 ① '보상액 평가를 위한 사전 의견수렴에 관한 사항'은 감정평가업자의 현장조사 일정, 대상지역의 지역적 특성 및 지가수준 등에 대하여 소유자들과 의견을 교환하고 수렴하는 것을 의미하는 것으로서, 구체적인 감정평가기준 및 방법에 대한 협의를 의미하는 것은 아니라고 하고, ② '잔여지의 범위 및 이주대책 수립에 관한 사항'은 잔여지의 범위나 이주대책 수립에 있어 지역적 특성 등의 반영에 관한 사항으로 그 내용은 관계법규에서 정한 기준이나 요건에 적합하여야 합니다(중앙토지수용위원회 발간 '토지수용 업무편람 참조).

019 보상협의회의 필요성

실무상 보상협의회가 형식적으로 이루어지는 곳이 많아 현재까지는 그 제도의 취지에도 불구하고 토지소유자들에게 큰 도움이 되지 않는 것이 사실입니다. 특히 협의를 위한 감정평가가 있은 이후에 그 감정내용에 관하여 사업시행자와 다투는 경우가 많아 더욱 그렇습니다.

그러나 보상협의회는 협의 보상을 위한 감정평가에 관한 내용도 그 협의가 이루어져야 하므로 반드시 협의 감정평가 전에 협의회를 열어 지역적 특색이나 보상에 도움이 되는 정보를 하나라도 더 전달하여 그와 같은 사항이 협의 보상을 위한 감정평가에 반드시 반영되도록 하는 것이 중요합니다.

보상협의회의 성격과 그에 대한 대응방안에 관해서는 이 책 6번의 문항 (7)을 참고하시기 바랍니다.

020 사업시행자의 지장물조사는 어떻게 대응해야 하나요?

사업시행자는 토지조서와 물건조서를 작성하여 서명 또는 날인을 하고 토지소유자와 관계인의 서명 또는 날인을 받아야 합니다 (법 제14조). 흔히 이를 위한 사업시행자의 현황 파악을 지장물조사라고 합니다.

그러나 토지보상법에서는 이를 물건조서의 작성이라고 표현합니다. 지장물이라는 것이 사업에 지장이 되는 물건이라는 뜻인데, 나의 소중한 재산을 지장물이 아니라 일반적 표현인 물건이라 칭하고, 그 조사를 물건조사라 하며, 그 조사 결과를 기재한 서면을 물건조사라고 정확한 법률용어를 쓰는 것부터가 정당보상의 첫걸음이 됩니다.

사업시행자에게는 사업계획 일정에 따른 업무의 처리가 매우 중요한 문제이고, 사업의 수익과 그 성패를 좌우하기도 합니다. 물건조서가 제때 작성이 되지 않으면 보상계획 공고 및 통지가 늦어지고 후속 보상절차도 순연되어 사업시행자 입장에서는 사업계획 일정에 큰 차질을 빚게 됩니다. 이에 대책위원회 차원에서 집단적으로 토지조서 작성을 위한 조사를 거부함으로써 협상력을 키우려는 시도를 하는 경우가 있습니다.

다만, 사업이 무효화가 되지 않는다면 결국 각 조서의 작성이 있어야만 보상을 받을 수 있어 아무런 계획 없이 무기한 그 지장물조사를 거부하기 어려운 한계도 있습니다.

또한 사업시행자는 ① 토지소유자 및 관계인이 정당한 사유 없이 서명 또는 날인을 거부하는 경우, ② 토지소유자 및 관계인을 알 수 없거나 그 주소·거소를 알 수 없는 등의 사유로 서명 또는 날인을 받을 수 없는 경우에는 조서에 그 사유를 적어 토지소유자 및 관계인의 서명 또는 날인이 없이도 조서작성 작업을 완료할 수도 있습니다. 심지어 최근 몇몇 사업지구에서는 공부상 또는 항공사진, 드론을 통한 지장물조사를 하는 경우도 있습니다.

특히 대책위원회 차원에서 집단적으로 지장물조사를 거부하는 투쟁을 하는 경우, 주민들의 단합이 잘 되지 않아 지장물조사를 받는 사람이 늘어나면, 조사를 받은 사람과 받지 않은 사람 사이에 감정적인 갈등이 쌓이거나 심하면 대책위원회에 그 책임을 추궁하는 경우도 있으므로 각별한 유의가 필요합니다.

만약 조사 초기에 집단적으로 지장물조사 거부를 하여 작성된 지장물조서를 확인하지 못한 경우라도 너무 두려워할 필요는 없습니다. 지장물조사 거부로 인해 조서 작성에 미비점이 있었던 경우 일반적으로 향후 감정평가 절차에서 조서를 확인하여 누락된 물건을 조서에 등재하는 등 수정할 가능성이 많이 남아 있습니다. 누락 지장물에 대한 이의신청은 반드시 사업시행자에게 할 필요는 없고, 미리 이를 입증할 자료를 만들어 둔다면 감정평가를 나온 감정평가사에게 이를 설명하거나 지방토지수용위원회나 중앙토지수용위원회에 서면으로 의견을 제출함으로써 재결을 통해 보상을 받을 수 있고, 최종적으로는 행정소송에서 법원을 통해 구제받는 경우가 많이 있어 실질적으로 누락지장물이 보상에서 제외되는 경우는 드문 편입니다.

021 주민추천 감정평가사는 꼭 선정해야 하나요?

협의를 위한 보상액의 산정은 사업시행자, 지방자치단체, 주민들이 각 1인씩 추천한 감정평가사(또는 감정평가법인, 이하 같음)가 평가한 평가액의 산술평균치를 기준으로 합니다. 즉, 세 명의 감정평가사들이 평가한 평가액 합산액의 3분의 1인 평균 금액으로 보상이 이루어집니다.

주민추천 감정평가사를 추천한다는 것은 보상평가를 하는 감정평가사들 중 '우리 편'을 한 사람 만들 수 있다는 뜻입니다. 만일 주민들이 감정평가사를 추천하지 않으면, 이를 빼고 사업시행자와 지방자치단체가 추천한 감정평가사 2명의 평균액으로 보상액을 산정하게 되는데 이는 아무래도 주민들에게 불리한 결과일 가능성이 높습니다.

이처럼 주민추천 감정평가사 추천은 보상액의 근거가 되는 감정평가에 관해 가장 직접적으로 주민들의 의사가 반영되는 절차입니다. 그러므로 토지소유자들은 주민대책위원회 등을 통해 동의서를 모아 적극적으로 감정평가사를 추천하는 것이 좋습니다.

022 주민추천 감정평가사는 어떻게 추천하나요?

사업시행자는 감정평가사 3인을 선정하여 보상평가를 의뢰하여야 합니다. 이 경우 해당 토지를 관할하는 시·도지사와 토지소유자는 보상계획의 열람기간 만료일부터 30일 이내에 감정평가사를 각 1인씩 추천할 수 있고, 사업시행자는 추천된 감정평가사를 포함하여 선정하여야 합니다.

다만, 시·도지사와 토지소유자가 모두 감정평가사를 추천하지 아니하거나 시·도지사 또는 토지소유자 어느 한쪽이 감정평가사를 추천하지 아니하는 경우에는 2인을 선정합니다.

토지등 소유자는 감정평가사를 추천하려는 경우에는 보상 대상 토지면적의 2분의 1 이상에 해당하는 토지등 소유자 및 보상 대상

토지의 토지등 소유자 총수의 과반수의 동의를 받은 사실을 증명하는 서류를 첨부하여 사업시행자에게 감정평가사를 추천하여야 합니다. 이 경우 토지등 소유자는 감정평가사 1명에 대해서만 동의할 수 있고, 이와 같은 보상평가를 위한 감정평가사 추천은 토지소유자 대표가 할 수 없으며, 사업시행자의 추천 권한을 토지소유자에게 위임할 수도 없습니다(2018. 12. 7. 토지정책과-7817).

023 어떤 감정평가사를 추천하는 것이 좋을까요?

주민들은 주민 감정평가사 추천 전에 많은 감정평가사를 만나게 됩니다. 이 중에서 어떤 감정평가사를 추천해야 할지 고민합니다. 사실 정해진 원칙은 없습니다. 모든 감정평가사는 법률과 직업적 양심에 따라 감정목적물을 객관적으로 감정할 의무가 있는 사람들이기 때문입니다.

그러나 현실적으로 감정평가사가 누구이냐에 따라 토지등 소유자의 의견이 반영되는 비율에서 많은 차이를 보이기도 하므로, 감정평가사 추천 시 유의할 점을 큰 틀에서 몇 가지 제시한다면 다음과 같습니다.

첫째, 감정평가사 추천 시기가 다가오면 많은 감정평가사들이 대책위원회를 방문하게 됩니다. 이 중 본인이 공시지가 대비 몇 프로는 증액시켜 주겠다고 호언장담하는 감정평가사는 피하는 것이 좋습니다. 특히 그 증액률을 터무니없이 높게 부른다면 이는 영업을 위한 가장일 가능성이 높습니다. 더군다나 협의를 위한 토지의 가격은 3인의 감정평가사들이 평가한 감정평가액의 평균액으로 정해지는 것이어서, 한 사람의 감정평가사가 이를 결정할 수 있는 것도 아닙니다. 따라서 공시지가 대비 몇 프로 이상으로 증액시키겠다는 감정평가사는 피하시는 걸 추천합니다.

둘째, 과거 다른 사업지구에서 평가한 선례들을 확인하여 주민추천 감정평가사로서 좋은 결과를 내었던 사람으로 축약하여 보는 것도 좋은 방법입니다. 감정평가사는 한국감정평가사협회에서 제공하는 정보를 기준으로 2021년 기준 감정평가법인에 3,650명, 감정평가사무소에 725명으로 약 4,375명이 존재하고 있어 그 선택의 폭이 매우 넓습니다. 다만, 과거 비교적 주민들 편에서 높은 가격으로 감정한 감정평가사라 하더라도 해당 사업지구에서 반드시 높게 평가한다는 보장은 없는 것이기 때문에, 이외 다른 요소들과 종합적으로 고려해서 판단하는 것이 좋습니다.

셋째, 협의단계 감정평가에서 감정평가사 사이의 평가금액 차이는 10%를 넘지 못하고, 이를 넘는 경우 그 평가 결과는 무효인 것으로 법에 규정되어 있습니다. 이 규정으로 말미암아 감정평가 결과가 10%를 넘는 경우 결국 감정평가사들 사이에 10% 범위 내로 맞추기 위한 협의가 불가피할 것인데, 이는 결국 선정된 감정평가사 사이에서 주민추천 감정평가사가 경력이나 지식, 협상력에 있어 다른 평가사 둘을 원만하게 설득할 수 있는 능력이 있는지가 무엇

보다 중요합니다.

마지막으로, 소통이 잘되는 감정평가사를 선정하는 것이 좋습니다. 결국 주민들이 감정평가사를 추천하는 이유는 최대한 주민들의 의견을 많이 반영시켜 높은 감정평가액을 받고자 하기 위함인데, 소통이 잘 되지 않는 감정평가사를 선정하면 주민들의 요구나 의견이 잘 반영되지 않을 가능성이 그만큼 커집니다. 따라서 그 감정평가사를 선정하기 전부터 소통이 잘되어 의견교환이 원활한 감정평가사를 추천하는 것이 좋습니다.

---

024 **주민추천 감정평가사 선정을 위한 면적을 산정할 때 국·공유지를 제외할 수 있나요?**

주민추천 감정평가사 선정을 위한 보상 대상 토지면적과 토지소유자 총수를 계산할 때 감정평가사 추천 의사표시를 하지 않은 국유지 또는 공유지는 보상 대상 토지면적과 토지소유자 총수에서 제외합니다(법 시행령 제28조 제6항).

다만 위 규정은 해당 시행령 시행(2019. 7. 1.) 후 보상계획을 공고하거나 토지소유자 및 관계인에게 각각 보상계획을 통지하는 경우부터 적용되며, 그 이전 사업지구는 적용되지 않습니다.

025 주민이 2명 이상의 감정평가사를 추천할 수 있나요?

토지보상법은 "사업시행자는 토지등에 대한 보상액을 산정하려는 경우에는 감정평가법인등 3인(제2항에 따라 시·도지사와 토지소유자가 모두 감정평가법인등을 추천하지 아니하거나, 시·도지사 또는 토지소유자 어느 한쪽이 감정평가법인등을 추천하지 아니하는 경우에는 2인)을 선정하여 토지등의 평가를 의뢰하여야 한다."고 규정하고 있어 통상적으로는 주민은 감정평가사 1인만을 추천할 수 있습니다.

그러나 이는 사업지구마다 약간의 차이가 있습니다. 사업지구가 넓어 구역을 나누어 사업시행이 필요한 경우 또는 공동 사업시행자가 있어 각 사업시행자가 구역을 나누어 사업을 시행하는 경우 등에는 각 구역별로 주민들이 감정평가사 1인을 추천할 수 있도록 하는 경우도 있습니다.

이처럼 구역을 나누어 감정평가사를 추천하게 되면 해당 감정평가사에게 각 지역의 특색이나 감정평가에 참고할 사항을 좀 더 쉽게 전달할 수 있어 비교적 유리할 수 있습니다.

이에 대책위원회는 각 구역별로 나누어 감정평가사 추천을 하도록 사업시행자에게 요구하는 경우가 있으며, 3기 신도시 일부 지역에서는 구역별로 나누어 감정평가를 진행한 사례가 있습니다. 따라서 각 사업지구에서는 전체를 통일하는 것과 구역을 나누는 것의 유불리를 잘 따져 본 후, 만일 구역별로 나누는 것이 유리하다고 판단되는 경우에는 이를 사업시행자에게 강력하게 요구하여 시행할 수 있도록 유도할 필요가 있습니다.

다만, 이 경우에도 하나의 공익사업지구 안에서 주민추천 감정평가사가 여러 명이 될 수 있다는 뜻이고, 각 토지소유자는 감정평가업자 1명에 대해서만 동의할 수 있습니다(2018. 12. 7. 토지정책과 -7817).

026 지장물 소유자, 영업보상 대상자도 감정평가사를 추천할 수 있나요?

감정평가사 추천에 관하여 토지보상법은 토지소유자가 추천할 수 있다고 규정하여 건물이나 영업보상 대상자 등은 토지소유자가 아니므로 추천할 권리가 없는 것이 원칙입니다. 다만, 사업시행자의 양해나 사업시행자와의 협의를 통해 추천권을 인정받을 수 있겠으나 그러한 사례는 거의 없는 것이 현실입니다.

027 감정평가 금액을 사업시행자가 통보하기 전에 알 수 있나요?

토지보상법 시행규칙 제16조 제4항은, 감정평가법인등이 "감정평가를 한 후 보상평가서를 사업시행자에게 제출하여야 한다."고 규정하고 있습니다.

또한 동 시행규칙 제17조 제1항은, "사업시행자는 제16조제4항의 규정에 의하여 제출된 보상평가서를 검토한 결과 그 평가가 관계법령에 위반하여 평가되었거나 합리적 근거 없이 비교 대상이 되는 표준지의 공시지가와 현저하게 차이가 나는 등 부당하게 평가되었다고 인정하는 경우에는 당해 감정평가법인등에게 그 사유를 명시하여 다시 평가할 것을 요구하여야 한다."고 규정하여, 사업시행자가 감정평가 결과를 피수용자들에게 통보하기 이전에 미리 보아 그 내용을 알 수 있을 뿐 아니라 감정평가사에게 **재평가**를 요구할 수 있는 권리도 부여하고 있습니다.

이 규정들은 감정평가의 내용이 다수의 피수용자들에게 통보되기 전에 위법, 부당한 요소를 미리 제거함으로써 다수 당사자에 대한 행정의 법적 안정성을 확보하려는 취지인 것으로 보입니다.

그러나 수용보상의 양당사자는 사업시행자와 피수용자인데, 어느 일방 당사자에게만 평가 결과를 미리 통보하도록 하고 나아가 재평가 요구권까지 부여하는 것은, 수용보상의 가장 중요한 장치인 감정평가의 객관성, 공정성에 의문을 제기하게 만들 수 있습니다. 특히 법률의 구체적 위임 없이 행정부의 시행규칙으로 규정했다는 점에서 법치주의 원칙에 위배되는 위헌, 위법적 조항으로 평가될 수도 있습니다.

입법론적으로는 이 조항을 삭제하는 것이 최선일 것이며, 이 조항을 유지하는 경우 최소한 피수용자들에게도 동일한 권리를 부여하거나, 사업시행자가 감정평가법인등에게 재평가를 요구하려면 그 사실과 구체적 내용을 피수용자들에게도 통보하도록 제도적 보완을 하는 것이 차선이 될 것입니다.

028 감정평가사들의 평가금액이 10% 범위 내라는 말이 무슨 의미인가요?

토지보상법 시행규칙 제17조 제2항은, "대상물건의 평가액 중 최고평가액이 최저평가액의 110퍼센트를 초과하는 경우" 사업시행자가 감정평가법인등에 재평가를 요구할 수 있는 사유의 하나로 규정하고 있습니다. 이 규정의 의미를 흔히 감정평가사들 사이의 평가금액이 10% 범위를 초과하지 못하는 것으로 이해하고 있습니다.

이 규정으로 인해 협의단계 감정평가 실무에서는 감정평가서를 사업시행자에게 최종 제출하기 전에 사실상 평가사들 사이에 평가금액을 사전에 조율할 수밖에 없는 결과로 귀착하게 됩니다.

이 규정은 감정평가사들 사이의 평가금액 편차가 너무 심하지 않도록 함으로써 감정평가의 객관성을 확보하려는 취지일 것입니다.

그러나 실무상 적용됨에 있어서는 감정평가사의 재량범위를 억제하고, 특히 대부분 수용절차가 사업시행자의 주도 아래 진행되는 제도적 한계 내에서 그나마 피수용인의 절차참여권으로 보장된 주민추천평가사의 역할을 결정적으로 제한하는 기능을 한다는 점에서 역시 문제가 있는 행정입법으로 보입니다. 보다 합리적인 방향으로의 입법개선이 필요하다 하겠습니다.

CHAPTER

03

보상금의 산정

법무법인 고구려의
토지보상 100문 100답

03 보상금의 산정

제1절 | 보상원칙

029 토지보상, 어떤 원칙을 지켜야 하나요?

(1) 사업시행자 보상의 원칙

공익사업에 필요한 토지등의 취득 또는 사용으로 인하여 토지소유자나 관계인이 입은 손실은 사업시행자가 보상하여야 합니다(법 제61조). 따라서 보상업무를 보상전문기관에 위탁하거나 이주대책에 관한 업무를 지방자치단체 등의 기관에 위탁하여 시행하는 경우라 하더라도 보상책임은 궁극적으로 사업시행자에게 있습니다.

(2) 사전보상의 원칙

사업시행자는 해당 공익사업을 위한 공사에 착수하기 이전에 토지소유자와 관계인에게 보상액 전액을 지급하여야 합니다(법 제62조 본문). 따라서 공사에 착수하고 나서 보상금을 지급하거나 또는 일부만 보상을 하고 공사에 착수하는 경우에는 위법행위에 해당합니다.

다만, 천재지변 시의 토지 사용과 시급한 토지 사용의 경우 또는 토지소유자 및 관계인의 승낙이 있는 경우에는 사후에 보상을 할 수 있습니다(법 제62조 단서).

대법원은 사업시행자가 협의 등의 일체의 절차를 거치지 않고 다만 그 공사에 관한 승낙만을 받아 공사에 착수하는 것은 위법이라 판시하고 있고, 심지어 사업시행자가 토지소유자 및 관계인에게 보상금을 지급하지 아니하고 그 승낙도 받지 아니한 채 미리 공사에 착수하여 영농을 계속할 수 없게 하였다면 이는 공익사업법상 사전보상의 원칙을 위반한 것으로서 위법하다고 일관되게 판시하고 있습니다.

따라서 만일 사전보상 없이 미리 공익사업에 착수하는 사업시행자에 대해서는 손실보상금과 별도로 손해배상책임을 물을 수 있습니다.

(3) 현금보상원칙

보상금은 다른 법률에 특별한 규정이 있는 경우를 제외하고는 현금으로 지급하여야 합니다(법 제63조 제1항).

다만, 사업시행자가 국가, 지방자치단체, 그 밖에 한국토지주택공사, 한국도로공사, 한국철도공사와 같은 대통령령으로 정하는 공공기관 운영에 관한 법률에 따라 지정·고시된 공공기관 및 공공단체인 경우에는 특정한 사유를 들어 채권으로 지급할 수 있는 예외가 있습니다. 그 특정한 사유란, ① 토지소유자나 관계인이 원하는 경우, ② 사업인정을 받은 사업의 경우에는 부재부동산 소유자의 토지에 대한 보상금이 1억 원을 초과하는 경우로서 그 초과하는 금액에 대하여 보상하는 경우입니다. 이를 채권보상이라 합니다.

토지소유자가 원하는 경우로서 사업시행자가 해당 공익사업의 합리적인 토지이용계획과 사업계획 등을 고려하여 토지로 보상이 가능한 경우에는 토지소유자가 받을 보상금 중 현금 또는 채권으로 보상받는 금액을 제외한 부분에 대하여 그 공익사업의 시행으로 조성한 토지로 보상할 수 있습니다. 이를 대토보상이라 합니다.

이처럼 보상은 크게 **현금보상, 채권보상, 대토보상**이 있고 현금보상이 원칙입니다. 각 어느 보상이 본인에게 유리한지를 잘 따져서 선택하셔야 합니다.

(4) 개인별 보상의 원칙

손실보상은 개인별로 보상액을 산정할 수 없을 때를 제외하고는 토지등 소유자에게 개인별로 하여야 합니다(법 제64조).

따라서 공유관계는 공유지분별로 개별적으로 소유하는 것이므로 각 공유지분에 대하여는 개인별로 보상합니다. 이에 따라 공유자들 중 토지보상금에 대하여 불만이 있는 공유자는 공유자가 각 지분의 범위 내에서 협의불응, 이의신청 또는 행정소송의 제기를 할 수 있습니다.

(5) 일괄보상의 원칙

사업시행자는 동일한 사업지역에 보상시기를 달리하는 동일인 소유의 토지등이 여러 개 있는 경우 토지소유자 등이 요구할 때에는 한꺼번에 보상금을 지급하여야 합니다(법 제65조). 이 원칙은 동일인 소유의 토지등이 시기적으로 분리 보상되어 대토 등 이주에 지장이 생기는 것을 막기 위한 것으로 토지소유자들을 위해 마련된 규정입니다.

토지보상법의 위 규정은 "동일한 사업지역"에 보상시기를 달리하는 "동일인 소유의 토지등이 여러 개 있는 경우"라고 표현하고 있으므로, 사업시행자가 동일한 사업지역이라 하더라도 구역을 나누거나 서로 차수를 달리하여 보상을 하는 것까지 금지되는 것은 아닙니다.

다만 "토지등"이라고 표현하고 있으므로 토지 외에 건물, 입목 등도 포함하고 있으므로 이에 관한 보상금도 토지소유자 등이 요구하는 경우에는 한꺼번에 지급하여야 합니다.

최근 일부 사업지구에서 사업시행자가 토지와 물건(지장물)을 따로 보상함으로써, 대책위원회의 물건조서 작성 거부투쟁에 대응하거나 대책위원회의 전략을 견제하는 경우가 있는데, 이에 대항하여 사업시행자에게 일괄보상을 요구하는 방법도 생각해 볼 수 있습니다. 다만 이 경우에는 전체적인 보상시기가 늦어질 수 있다는 점을 유의하여 신중하게 결정하여야 합니다.

(6) 사업시행 이익과의 상계금지의 원칙

사업시행자는 동일한 소유자에게 속하는 일단의 토지의 일부를 취득하거나 사용하는 경우 해당 공익사업의 시행으로 인하여 잔여지의 가격이 증가하거나 그 밖의 이익이 발생한 경우에도 그 이익을 그 취득 또는 사용으로 인한 손실과 상계할 수 없습니다(법 제66조).

흔히 상계금지원칙이라고 하는 위 법조항은 주로 잔여지가 발생하는 경우에 적용되는 원칙으로, 이때 상계란 나의 상대방에 대한 채무와 상대방의 나에 대한 채무를 같은 액수에 한해서 서로 소멸시키는 것인데, 잔여지에서 발생하는 사업시행이익은 편입토지의 보상액에서 공제할 수 없을 뿐만 아니라 잔여지의 보상에서도 이를 공제할 수 없다는 뜻입니다.

따라서 잔여지의 보상평가에서 해당 공익사업으로 인하여 잔여지의 도로조건 등이 개선되어 그 이익을 누리게 되었더라도 그 이익을 수용 자체의 법률효과에 의한 가격감소의 손실과 상계할 수는 없습니다(판례).

(7) 시가보상의 원칙

보상액의 산정은 협의에 의한 경우에는 <u>협의 성립 당시의 가격</u>을, 재결에 의한 경우에는 <u>수용재결 당시의 가격</u>을 기준으로 합니다(법 제67조 제1항).

이때 '시가'보상의 원칙이라고 표현하기는 하나 이는 소위 말하는 '시장가격'을 뜻하는 것은 아니고 어느 '시점'을 기준으로 보상하여야 할지에 관한 원칙으로 이해하는 것이 보다 정확합니다.

따라서 협의 보상액 산정을 위한 감정평가를 할 경우에는 그 가격시점을 '**협의가 성립될 것으로 예상되는 시점**'을 가격시점으로 하여 평가하고, 수용재결 이후의 절차에서는 '**수용재결일**'을 가격시점으로 하여 평가합니다.

특히 협의취득일 위한 보상평가의 기준시점은 '가격조사를 완료한 일자'가 아니라 '보상계약이 체결될 것으로 예상되는 시점'이고 (2011. 10. 4. 토지정책과-4699), 재결 평가 시 기준시점은 '수용의 개시일'이 아니라 '수용재결일'입니다(판례).

(8) 개발이익 배제의 원칙

토지보상법 제67조 제2항은 "보상액을 산정할 경우에 해당 공익사업으로 인하여 토지등의 가격이 변동되었을 때에는 이를 고려하지 아니한다."고 규정하여 개발이익 배제의 원칙을 정하고 있습니다.

이때 '**개발이익**'이란 해당 공익사업으로 인한 개발이익만을 말하는 것이고, 다른 공익사업으로 인한 개발이익은 해당되지 않습니다. 따라서 다른 공익사업으로 인한 개발이익은 보상액을 산정할 때 반드시 포함되어야 합니다(판례).

위와 같은 규정을 둔 취지에 관하여 헌법재판소는, 토지보상액 산정에 있어 해당 개발 사업으로 인하여 지가가 상승하여 발생하는 개발이익은 사업시행자의 투자에 의한 것으로서 토지소유자의 노력이나 자본에 의하여 발생하는 것이 아니므로 수용되는 토지가 수용될 당시에 갖는 객관적 가치에 포함된다고 볼 수 없는 것이어서 사업시행으로 인한 지가 상승은 반영하지 않는다는 취지라고 판시하였습니다.

이와 같은 개발이익 배제원칙에 따라 토지보상법은 "협의나 재결에 의하여 취득하는 토지에 대하여는「부동산 가격공시에 관한 법률」에 따른 공시지가를 기준으로 하여 보상하되…(중략)"라고 규정하여 적용지가의 종류 측면에서 개발이익을 배제합니다(법 제70조 제1항).

그리고 이에 대하여 다시 사업인정 후의 취득의 경우에 제1항에 따른 공시지가는 사업인정고시일 전의 시점을 공시기준일로 하는 공시지가로서, 해당 토지에 관한 협의의 성립 또는 재결 당시 공시된 공시지가 중 그 사업인정고시일과 가장 가까운 시점에 공시된 공시지가로 한다고 하여 적용시점 측면에서 또한 개발이익을 배제하고 있습니다(법 제70조 제4항).

이에 따라 보상을 위한 감정평가서를 받아 보면, 사업인정 전의 공시지가를 기준으로 하고, 이에 대하여 협의나 수용재결 시점을 가격시점으로 하여 평가합니다.

예를 들어 해당 공익사업지구의 사업인정이 2017년도에, 수용재결이 2019년 11월 11일에 있는 경우, 2017년도 1월 1일에 공시된 비교표준지 공시지가를 기준으로 하고, 그 가격시점은 2019년 11월 11일을 기준으로 하게 되는 것입니다. 다만 그 기준일과 가격시점 사이의 기간에 의해 발생하는 불합리를 수정하기 위해 '시점수정'이라는 것을 하게 되는데, 이는 그 차이나는 기간만큼의 지가상승률이나 물가상승률을 곱하여 보정을 하는 것입니다.

한편 토지보상법 시행령상 해당 공익사업의 지정으로 인하여 해당 지구 또는 인근지역의 지가가 일정 기준 이상의 비율로 상승했을 경우에는 해당 공익사업의 지정 전 공시지가를 사용하도록 하여 감정평가 시 개발이익 배제의 명목으로 또 한 번 적용 공시지가를 바꿀 수 있습니다. 위 시행령 조항은 해당 사업지구 주변의 개발로 인한 이익까지 포함하여 적용될 소지를 내포하고 있어서, '해당 사업으로 인한 개발이익만' 배제한다는 원칙에 어긋나 위헌의 소지가 있을 수 있다고 보입니다.

그밖에도 해당 공익사업의 시행에 따른 절차로서 행한 토지이용계획의 설정·변경·해제 등에 따른 가치의 증감분은 토지이용계획의 설정·변경·해제 등이 되기 이전 상태를 기준으로 보상하도록 하고 있습니다.

해당 공익사업으로 인한 개발이익은 자본을 투자한 사업시행자와 해당 공익사업이 달성하고자 하는 공익 부분에 일정 부분 돌아갈 필요가 있다는 점에서 개발이익 배제원칙은 일견 타당한 측면이 있습니다.

그러나 토지등 소유자 또한 해당 공익사업이 없었다면 누릴 수 있는 개발로 인한 기대권이 있고, 이러한 기대권도 헌법상 보장되는 재산권의 중요한 일부를 구성한다는 점을 고려하면, 과연 개발이익 전부를 사업시행자의 이익으로 귀속시키는 것이 타당한지는 근본적인 의문이 있습니다. 다만 이러한 의문에 의거하여 개발이익을 사업시행자와 토지등 소유자가 일부씩 분점하려면 입법적 결단

이 필요하여 충분한 사회적 합의와 입법 노력이 뒤따라야 하는 일로 당장에 실현되기는 어렵습니다.

특히 우리나라 수용 현실을 돌아보면, 사업지구의 지정 또는 사업인정고시 이후 최초 보상금의 통지까지는 수년에 걸친 상당한 시간이 소요되고, 심지어 협의기간 만료 후 수용재결까지도 추가적으로 6개월가량 더 소요됩니다.

따라서 토지보상금의 가격기준시점은 사업인정고시일이 있었던 해에 발표된 표준지 공시지가를 기초로 하고 거기에 지가상승율을 더함에 비하여, 그 기간 동안 주변지역의 토지가격은 해당 공익사업으로 인한 개발이익에 투기적 수요까지 가세하며 매우 가파르게 상승하게 됩니다.

결국 기존 원주민은 개발이익을 배제한 채 보상을 받지만, 주변 시세는 개발이익을 모두 반영하여 치솟게 되므로 피수용자는 보상금을 받게 된 시점에 바로 옆 동네로도 이사가 불가능한 현실을 자주 맞게 됩니다. 그리하여 현실적으로는 기존 주거의 박탈과 이주, 생활근거지의 상실이라는 결과를 남기는 경우가 많습니다.

개발이익을 배제하여 토지소유자가 갖고 있던 현 상태로 보상을 하겠다는 이념이 실제 현실에서는 오히려 강제수용으로 인해 공익사업에 토지를 제공한 피수용자들이 경제적 수평이동은 고사하고 그 공익사업의 시행 전보다 훨씬 낙후된 생활수준으로 전락하는 도구로 작동하게 된 것입니다.

토지보상법에서도 이와 같은 문제에 대해 이주대책 등의 규정을 마련하고 있으나 그 대상자가 되기 위한 요건이 까다롭고, 그 대책의 내용에 있어서도 법에 상세한 내용이 없이 상당 부분 사업시행자의 재량으로 남아 있어 전체적 보상 수준은 아직 매우 미흡한 실정입니다.

현재의 토지보상법은 그 뿌리가 70년대 개발우선주의 입장에서 수용제도를 운용하였던 때로 거슬러 가는데다, 현행법이 제정, 시행된 1980년대 말경에도 그 기본적인 체제에 큰 변동이 없었고, 그 이후 법과 시행령, 시행규칙의 개정에서도 피수용자에게 불리한 내용이 많이 추가되어 제도로서의 시대적 한계가 분명이 있는 것이 사실입니다. 헌법 제23조 제3항이 천명한 '정당한 보상'을 위해 입법적 개선이 꼭 필요한 이유입니다.

030 보상금을 채권으로 준다고 합니다. 채권보상은 뭔가요?

(1) 채권보상 기준

① 임의적 채권보상

사업시행자가 국가, 지방자치단체, 그 밖에 한국토지주택공사, 도시공사와 같은 공공단체인 경우에는 아래 기준에 해당할 때 사업시행자가 발행하는 채권으로 보상할 수 있습니다.

1. 토지소유자나 관계인이 원하는 경우
2. 부재지주의 토지로서 토지에 대한 보상금이 1억원을 초과하는 때에 그 초과금액에 대하여 보상하는 경우

여기에서 '**부재지주**'란, 해당 토지의 소재지에 거주하지 않고 토지를 보유한 외지인을 말하는데, 토지보상법은 ① 사업인정 고시일 1년 전부터 해당 토지 소재지와 동일한 시·구·읍·면 또는 ② 해당 토지 소재지와 연접한 시·구·읍·면, 그리고 ③ 해당 토지의 경계로부터 직선거리로 30킬로미터 이내의 지역에 주민등록을 하지 아니한 사람, 또는 ④ 실제로 거주하지 않은 사람이 소유하는 토지의 소유자를 부재지주에 해당한다고 규정하고 있습니다.

따라서 위 ①~④에 경우에는 부재지주에 해당하여 사업시행자가 채권으로 보상할 수 있으므로, 만약 채권 보상을 원하지 않는다면 부재지주에 해당하지 않는 근거를 들어 적극적으로 증명하여야 합니다.

토지보상법에서는 해당 토지 소재지 또는 연접한 지역에 실제 거주하지 않았더라도 ① 질병으로 인한 요양, ② 징집으로 인한 입영, ③ 공무, ④ 취학, ⑤ 그밖에 위에 준하는 부득이한 사유인 경우에는 이를 부재지주에 해당하지 않는 것으로 봅니다.

상속에 의하여 취득한 경우로서 상속받은 날부터 1년이 지나지 않은 경우, 주민등록은 되어 있지 않으나 실제 거주하였음을

입증하는 경우, 또는 영업을 위한 토지에 해당하여 영업을 실제로 하였음을 입증하는 경우에도 부재지주에서 제외될 수 있습니다.

해당 토지 소재지, 또는 연접한 곳에 거주하고 있지 않다고 하더라도 해당 토지 경계로부터 직선거리로 30km 이내에 거주하는 경우에는 부재지주가 아니므로 만일 채권보상을 원하지 않는 경우라면 이 점도 확인할 필요가 있습니다.

② 필수적 채권보상

토지투기가 우려되는 지역으로서 ① 토지거래계약에 관한 허가구역이 속한 시·군·구, 또는 ② 이와 연접한 시·군·구에서 아래의 공익사업을 시행하는 자 중 한국토지주택공사, 한국관광공사, 한국산업단지공단, 지방공사 등 공공기관 및 공공단체는 보상금 중 1억 원을 초과하는 부분에 대하여는 채권으로 보상하여야 합니다.

1. 「택지개발촉진법」에 따른 택지개발사업
2. 「산업입지 및 개발에 관한 법률」에 따른 산업단지개발사업
3. 「물류시설의 개발 및 운영에 관한 법률」에 따른 물류단지개발사업
4. 「관광진흥법」에 따른 관광단지조성사업
5. 「도시개발법」에 따른 도시개발사업
6. 「공공주택 특별법」에 따른 공공주택사업
7. 「신행정수도 후속대책을 위한 연기·공주지역 행정중심복합도시 건설을 위한 특별법」에 따른 행정중심복합도시건설사업

(2) 부재지주는 채권으로 받을 수밖에 없나요?

토지보상법은 보상액이 1억 원이 넘는 경우에 채권으로 보상할 수 있다고 규정하고 있으므로, 부재지주라 하더라도 그 보상액 중 1억 원의 범위 내에서는 현금으로 보상을 받을 수 있습니다.

(3) 채권수익률과 예금이자율 비교

사업시행자가 채권으로 보상하는 경우 채권의 상환기한은 5년을 넘지 않는 범위에서 정하여야 합니다(법 제63조 제9항 본문).

그 이자율은 부재지주의 경우 상환기간이 3년 이하의 경우에는 3년 만기 정기예금 이자율로 하여야 하고, 상환기간이 3년 초과 5년 이하는 5년 만기 국고채 금리에 따른 이자율을 적용합니다. 부재지주가 아닌 본인이 희망하여 채권으로 보상을 받을 경우에는 상환기간이 3년 이하인 경우에는 3년 만기 국고채 금리로 하여야 하고, 상환기간이 3년 초과 5년 이하인 경우에는 5년 만기 국고채 금리로 하여야 합니다.

정기예금 이자율은 채권발행일 전달의 이자율로서, 「은행법」에 따라 설립된 은행 중 전국을 영업구역으로 하는 은행이 적용하는 이자율을 평균한 이자율로 하고, 국고채 금리는 채권발행일 전달의 국고채 평균 유통금리로 합니다.

(4) 장단점

채권으로 보상을 받는 경우에는 현금보상에 비하여 양도세가 감면의 폭이 큽니다. 현금으로 받으면 그 감면율은 10%이지만, 채권보상의 경우에는 기본적으로 15%가 감면됩니다. 만약 만기까지 모두 보유한다면 3년 만기는 30%를 감면받을 수 있고, 5년 만기는 40%까지 양도세를 감면받을 수 있습니다.

다만 만기특약이 아닌 경우에는 감면율이 현금 보상보다 5% 높기는 하지만 채권을 팔아 현금화한다면 채권 할인율이 적용되기 때문에 실제로는 현금 보상과 큰 차이가 없을 수 있음을 유의하여 채권으로 보상을 받을지 현금으로 받을지 잘 선택하여야 합니다.

031 대토보상은 뭔가요?

대토보상이란, 법 제63조에서 규정하고 있는 토지보상의 3가지 형태 중 하나로써 쉽게 이야기하면 보상을 현금이 아닌 토지로 대신 받는 것입니다.

여기서 토지란 해당 사업지구의 조성공사 후 공급될 상업용지, 주택용지, 주차장용지 등을 의미합니다. 보상금의 규모와 공급용지의 감정평가금액을 비교하여 보상금이 클 경우에는 단독으로 공급받을 수 있으며, 보상금이 작을 경우에는 해당 공급필지 신청자들과 함께 지분으로 공급받게 됩니다.

대토보상은 피수용자에게 개발이익의 일부를 취하는 것을 허용함으로써 수용에 따른 보상금의 부족을 보완하거나, 통지된 보상금에 대하여 전부 협의할 것을 조건으로 함으로써 사업시행자가 수용에 따른 피수용자의 저항을 일부 완화시킬 목적에서 주로 추진됩니다.

특히 대토보상은 2020년을 전후하여 활성화된 측면이 있는데, 사업지구마다 그 양상이 다양할 뿐 아니라 이 제도 활성화 이후 피수용자에게 개발이익의 일부를 부여한다는 애초의 취지와 달리 대토업체나 투기적 세력에게 개발이익이 돌아가는 문제가 발생하여, 정부(주로 국토교통부)에서 감독을 강화하거나 제도를 변경하고 있습니다.

따라서 이하에서의 설명도 이 책 출간 이후의 시점에서 상당 부분 변화의 가능성이 있을 수 있어, 대책위원회나 대토 희망자가 중요한 의사결정을 할 때 가급적 법률전문가를 통해 점검해 보는 것이 좋습니다.

032 전매금지 규정과 선지급이 무엇인가요?

전매금지 규정이란 사업시행자와 대토 희망자가 대토보상 계약체결을 하여 대토 희망자의 수용보상금이 대토보상권으로 전환된 이후부터 대토보상 공급용지의 소유권이전등기를 마칠 때까지 매매, 증여, 채권질권설정 등 권리의 변동을 수반하는 모든 행위를 일절 금지하는 규정(법 제63조 제3항)입니다. 이 규정을 위반할 경우 사업시행자는 토지로 보상하기로 한 보상금을 현금으로 보상할 수 있고 현금보상액에 대한 이자율은 현행 이자율의 2분의 1로 삭감 됩니다. 다만 상속 및 「부동산투자회사법」에 따른 개발전문 부동산 투자회사(리츠회사)에 현물출자를 하는 경우는 전매로 보지 않으며, 현물출자 시 양도소득세 감면율은 40%에서 15%로 줄어들게 됩니다.

대토사업시행자가 대토 희망자 사이에 공동사업 약정계약을 체결할 때 일반적으로 대토보상 계약금액의 70~80% 가량을 사전 지급하고, 개발단계에서 미지급분 20~30%와 개발수익 30% 가량을 추가로 지급하는 방식을 취하는데, 이때 최초 지급 부분을 흔히 선지급이라고 표현하나, 이는 법령상 용어는 아닙니다. 겉보기에는 대토보상자들이 토지를 매각하거나 개발사업이 종료될 때까지 부득이 활용할 자금을 대여해 주는 의미로 비춰지지만, 그 실상은 대여해 주는 금액만큼 대토보상 권리를 대토사업시행사가 편취하는 것이어서 현재 정부는 이를 불법 전매행위로 보고 있습니다.

이에 국회는 선지급과 같은 불법 전매행위를 차단하기 위해 2020년 4월 7일자로 토지보상법에 처벌규정(법 제93조의2)을 마련하였습니다. 해당 규정은 2020년 10월 8일부터 시행되고 있으며, 대토보상권을 전매할 경우 3년 이하의 징역 또는 1억 원 이하 벌금형에 처하도록 규정하고 있습니다.

033 대토조합 가입 시 양도소득세 감면이 없어지나요?

대토보상을 받게 되면 양도소득세 세액감면이나 과세이연 혜택 중 하나를 선택할 수 있으나, 공동사업 약정을 체결하여 대토조합에 가입하면 소득세법 제88조 제1항에 의한 양도에 해당되어 과세이연 혜택을 받을 수 없기 때문에 대토보상 계약체결일을 기준일로 하여 보상금에 대한 양도소득세를 납부하여야 하는 상황에 처해집니다.

그리고 공동사업 약정을 체결하지 않고 과세이연 혜택을 선택한 대토보상자가 개발할 건축물을 선분양하는 경우에는 해당 대토에 대한 소유권 이전등기를 완료한 후 3년 이내에 해당 대토를 양도한 것으로 보아 대토보상으로 감면받은 양도소득세와 이자상당 가산액까지 추징당하게 됩니다. 위와 같은 사안들은 개발사업 초기에는 드러나지 않다가 선분양 종료 후 개발이익 중간 정산시점에 다다라서야 드러나는 문제들이며, 이를 피하기 위해 대토보상 시행사들이 흔히 선지급을 하는 것입니다.

대토를 통해 개발할 공동주택과 상가는 부동산PF 대출금액 상환일정에 따라 선분양이 일반적이므로 자경농인 대토보상자는 자경농지에 대한 양도소득세의 감면 규정을 활용하여 양도소득세를 계산하고, 자경하지 않은 대토보상자는 대토보상에 대한 양도소득세 과세특례 규정은 제외하고 공익사업토지등에 대한 일반 양도소득세 감면 규정 등을 활용하여 양도소득세를 계산하는 것이 유리합니다.

부동산거래관리과-459(2011. 6. 3.)

제목: 대토보상받는 토지를 조합에 현물출자 후 상가 지분을 취득하는 경우

요지: 거주자가 공동사업을 경영할 것을 약정하는 계약에 의해 토지등을
당해 공동사업에 현물출자하는 경우 「소득세법」 제88조 제1항에 의
하여 등기에 관계없이 현물출자한 날 또는 등기접수일 중 빠른 날에
당해 토지가 유상으로 양도된 것으로 보아 양도소득세가 과세되는
것으로서, 이에 해당되는지 여부는 사실판단할 사항입니다.

034 수용재결을 거친 이후에 대토보상 신청이 가능한가요?

LH가 2021년 현재 23개 공익사업지구에서 시행한 대토보상
1,320건 중 '수용재결' 보상자에 대해 대토보상을 한 사례는 '과천
지식정보타운' 사업지구에서 단 1건에 불과하며 나머지는 모두 '협
의보상'한 경우(출처-더불어민주당 경기 김포시을 박상혁 의원실)이므로, 사실
상 재결을 거친 이후 대토보상을 신청하더라도 대토 공급을 받기는
매우 어려워 보입니다.

한편 LH대토보상 시행지침에는 미달된 토지가 있는 경우에 한
하여 수용재결에 따른 토지보상금도 대토보상을 신청할 수 있도록
규정하고 있었으나 협의보상에 응하지 않은 토지소유자를 사실상
대토보상에서 배제했다는 지적이 있자 해당 문구를 삭제하여 차등
을 두지 않겠다고 밝힌 바 있습니다.

제2절 | 토지보상금

035 토지보상액은 어떻게 산정하나요?

토지보상액은 감정평가사가 **공시지가기준법**을 적용하여 산정합니다. 공시지가기준법이란 평가대상토지와 가치형성요인이 같거나 비슷하여 유사한 이용가치를 지닌다고 인정되는 표준지(이하 '비교표준지')의 공시지가를 기준으로 대상토지의 현황에 맞게 시점수정, 지역요인 및 개별요인 비교, 그 밖의 요인의 보정(補正)을 거쳐 대상토지의 가액을 산정하는 감정평가방법을 말합니다. 산식은 다음과 같습니다.

> 토지단가 = ① 비교표준지 공시지가 × ② 시점수정 × ③ 지역요인
> × ④ 개별요인× ⑤ 그 밖의 요인

① 평가대상토지의 가격산정의 기준이 되는 **비교표준지**는 인근지역에 있는 표준지 중에서 대상토지와 용도지역 · 이용상황 · 주변환경 등이 같거나 비슷한 표준지가 선정됩니다.

② **시점수정**은 비교표준지 공시지가의 공시기준일부터 가격시점까지의 지가변동률을 계산하여 적용합니다.

③ **지역요인**은 인근지역에 대상토지와 유사한 비교표준지가 없어서 인근지역 외에서 표준지를 선정했을 경우 지역의 차이를 반영해 줍니다.

④ **개별요인**은 대상토지와 비교표준지의 차이를 산출해서 곱해 주는 값입니다. 6가지 조건(가로조건, 접근조건, 환경(자연)조건, 획지조건, 행정적조건, 기타조건)에서 두 토지를 구체적으로 비교하여 산정합니다.

⑤ **그 밖의 요인**은 공시지가와 시가와의 차이를 보정해 주는 것입니다. 따라서 그 밖의 요인 보정치를 구할 때는 인근지역 또는 동일 수급권 내 유사지역의 가치형성요인이 유사한 정상적인 거래사례 또는 평가사례 등을 고려하여 그 격차를 산정합니다.

036 공시지가로 보상을 받나요? 시가로 보상을 받나요?

토지보상액은 **시가보상이 원칙**입니다.

헌법 제23조 제3항은 공익사업으로 인한 수용 시 '정당한 보상'을 하여야 한다고 천명하고 있고, 헌법재판소와 학설도 일치하여 정당한 보상이란 시가보상을 의미한다고 해석하고 있습니다.

토지보상법은 토지보상액을 산정할 때 인근지역에 소재하는 유사한 표준지의 공시지가를 기준으로 하는 공시지가기준법을 적용하도록 하고 있기 때문에 최종 결정되는 토지보상액이 공시지가 수준이라고 오해하는 경우가 있습니다.

그러나 최종 결정되는 보상액은 공시지가의 가격 수준과는 다릅니다. 일반적으로는 보상액이 공시지가보다 훨씬 높습니다. 공시지가 기준법의 산식에서 "그 밖의 요인(기타요인)"을 곱해 주어 낮은 공시지가를 시가 수준으로 보정해 주기 때문입니다.

한편, 시가보상이 원칙임에도 불구하고 현실에서 토지소유자들은 시가에 못 미치는 보상액을 받았다고 느끼는 경우가 대부분입니다. 이는 해당사업이 발표되고 토지보상이 될 때까지의 기간(통상 2~3년) 동안 인근지역의 지가는 큰 폭으로 상승을 하는 데 반해, 토지보상액은 해당사업으로 인한 개발이익은 반영하지 않는다는 원칙(개발이익 배제원칙[1])으로 인하여 최초 사업이 발표되었던 시점의 시가를 기초로 하여 책정되기 때문입니다.

따라서 사업시행자는 시가보상을 한다고 하지만 "시가"의 의미가 토지주의 입장에서는 전혀 "시가"가 아닌 것으로 체감될 수 있습니다. 토지소유자들은 수용보상금으로 인근지역에서 유사한 종류와 면적의 토지를 매입할 수 있기를 바라지만 법은 개발이익을 배제한다는 명목으로 이를 사실상 불가능하게 하고 있기 때문입니다.

피수용자 중 상당수가 수용지역 인근에 재정착하지 못하고 외곽으로 밀려나는 현상은 바로 이러한 법원칙과 개발사업의 장기화가 중첩되어 발생하는 문제입니다. 개발이익 배제원칙에 대한 문제제기는 29번 문항의 (8)을 참조하시기 바랍니다.

---

1 **토지보상법 제67조(보상액의 가격시점 등)** ② 보상액을 산정할 경우에 <u>해당 공익사업으로 인하여 토지등의 가격이 변동되었을 때에는 이를 고려하지 아니한다.</u>

우리나라는 부동산의 적정한 가격형성과 각종 조세·부담금 등의 형평성을 도모하고자 매년 토지의 적정가격을 공시하는 '공시지가 제도'를 운영하고 있습니다.

매년 전국에 있는 토지를 전수조사할 수가 없으니 **표준지**를 선정하여 표준지의 가격을 조사·평가하고, 이 가격을 기초로 하여 표준지가 아닌 토지(이하 '**개별 토지**')의 가격을 산정합니다. 2023년 기준 전국의 표준지는 약 56만 필지이며, 개별 공시대상 토지는 약 3천 4백만 필지입니다. 말하자면 전국의 약 56만 필지가 각 지역, 토지의 용도지역과 이용상황 및 지목별로 약 3천 4백만 필지를 대표하고 있는 셈입니다. 참고로 표준지 공시지가는 국토교통부가, 개별공시지가는 표준지 공시지가를 토대로 지방자치단체인 시·군·구의 장이 산정합니다.

표준지 공시지가와 개별공시지가의 가장 큰 차이는 그 효력에 있습니다.

표준지 공시지가는 토지시장에 지가정보를 제공하고 일반적인 토지거래의 지표가 되며, 국가·지방자치단체 등이 그 업무와 관련하여 지가를 산정하거나 감정평가법인등이 개별적으로 토지를 감정평가하는 경우에 그 기준이 되는 반면(부동산 가격공시에 관한 법률 제9조), 개별공시지가는 국세·지방세 등 각종 세금의 부과 등의 기준이 될 뿐입니다.

따라서 토지보상액을 산정하기 위해 공시지가 기준법을 적용할 때 기준이 되는 공시지가는 '표준지'의 공시지가이며, **개별공시지가는 감정평가에서 전혀 고려대상이 되지 않습니다.** 즉, 대상토지의 개별공시지가가 아니라 대상토지와 용도지역, 지목 등이 유사한 인근의 표준지 공시지가가 대상토지의 보상액 산정의 기초가 됩니다.

038 개발지역으로 지정되어 조만간 보상을 받을 예정입니다. 매년 초 통지되는 공시지가에 이의신청을 해서 공시지가를 올리면 보상금이 많이 나오나요?

토지보상액은 비교표준지 공시지가를 기초로 산정됩니다. 이러한 기준 때문에 매년 보상지역에서는 공시지가를 높여 달라는 이의신청을 많이 하고 있습니다. 그러나 공시지가에 관한 이의신청을 함에 있어 몇 가지 유의해야 할 사항이 있습니다.

첫째, 토지보상액을 산정할 때 기준이 되는 공시지가는 '표준지'의 공시지가입니다. 개별공시지가는 고려하지 않습니다. 따라서 토지보상이 이루어지기 전에 공시지가 수준을 높이기 위해 이의신청을 한다면 <u>개별공시지가보다는 표준지공시지가에 대하여 이의신청을 하는 것이 더 효과적입니다.</u> 만약 개별공시지가에 대해서 이의신청을 하더라도, 개별공시지가의 가격 수준 자체보다는 시장·군수·구청장이 작성한 토지특성조사표상 이용상황, 도로상태, 형상,

지세 등이 정확하게 평가되었는지 확인하고, 실제보다 저평가된 항목이 있을 경우 이에 관하여 이의를 제기하는 것이 유리합니다.

둘째, 사업인정고시 이후의 공시지가는 아무리 올려도 토지보상액에 영향을 미치지 않습니다. 토지보상액을 평가할 때 사업인정고시가 있었던 해의 공시지가를 적용하도록 하고 있는데, '사업인정'이란 국토교통부장관이 해당 사업을 공익사업으로 인정하여 토지 등을 수용할 수 있는 사업으로 승인해 주는 것을 말합니다. 한편, 토지보상법상 사업인정고시뿐만 아니라, 공공주택특별법상 '공공주택지구 지정', 산업입지법상 '산업단지 지정' 등의 고시 또한 사업인정고시로 의제되기도 합니다.

일반적으로 사업인정고시가 있은 후 1~2년 후 보상이 이루어지는 경우가 많아 토지보상액을 평가할 때는 1~2년 전의 공시지가를 적용하는 경우가 많습니다. 따라서 이미 사업인정고시 이후의 공시지가는 보상액에 전혀 영향을 미치지 않으므로, 사업인정고시 이전의 공시지가에 대하여 이의를 신청하여야 합니다.

039 지목은 '대지'가 아니나 토지 위에 건물이 있습니다. '대지'로 보상받을 수 있나요?

대지로 보상을 받을 수도 있고 아닐 수도 있습니다.

취득하는 토지의 보상가액을 평가할 때는 공부상 지목이 아닌 현실적인 이용상황을 기준으로 평가하는 것이 원칙(이하 **'현황평가 원칙'**)이기 때문에 보상을 하는 시점의 실제 이용상황을 기준으로 보상을 받습니다(법 제70조 제2항). 즉, 지목은 '대지'가 아니나 토지 위에 건물이 있다면 '대지'로 보상받을 수 있습니다.

그러나 현황평가 원칙에도 불구하고, 건축법 등 관계법령에 따라 허가를 받지 아니하거나 신고를 하지 아니하고 건축 또는 용도변경한 무허가건축물 등의 부지는 무허가건축물 등이 건축 또는 용도변경될 당시의 이용상황으로 상정하여 보상을 받기 때문에 '대지'로 보상을 받을 수 없습니다(법 시행규칙 제24조).

다만, 토지보상법 시행령 부칙 규정에 의해 1989년 1월 24일 전에 건축 또는 용도변경한 무허가건축물 등은 적법한 건축물로 보게 되므로, 지목이 임야 또는 전·답인 토지 지상에 무허가건축물 등이 있더라도, 해당 무허가건축물 등이 1989년 1월 24일 이전에 건축 또는 용도변경되었다면 현황평가 원칙에 따라 '대지'로 보상을 받을 수 있게 됩니다.

따라서 지목이 '대지'가 아닌 토지 위에 건물이 있는 경우 그 토지에 대하여 '대지'로 보상받을 수 있는지 여부는, 건축법, 국토의 계획 및 이용에 관한 법률, 개발제한구역법 등 관계법령들을 검토해 보아야 정확히 알 수 있습니다.

토지대장의 지목은 '임야'인데 '농지'로 이용하고 있습니다. '농지'로 보상을 받을 수 있나요?

농지로 보상을 받을 수도 있고 아닐 수도 있습니다.

취득하는 토지의 보상가액을 평가할 때는 **현황평가 원칙**에 따라 보상하는 시점의 실제 이용상황을 기준으로 보상을 받습니다(법 제70조 제2항). 즉, 공부상 지목이 '임야'이더라도, 실제 이용상황이 '농지(전·답)'이라면, '농지(전·답)'로 보상을 받을 수 있습니다.

그러나 현황평가 원칙에도 불구하고, 「국토의 계획 및 이용에 관한 법률」 등 관계법령에 따라 허가를 받지 아니하거나 신고를 하지 아니하고 형질변경한 불법형질변경토지는 형질변경될 당시의 이용상황으로 상정하여 보상을 받기 때문에 '농지(전·답)'로 보상을 받을 수 없습니다(법 시행규칙 제24조).

즉, 임야를 농지로 개간 또는 형질을 변경하기 위해서는 「산지관리법」 등에 따른 산지전용허가 등을 받아야 하는데, 이러한 허가를 받지 않고 농지로 이용하고 있다면 불법형질변경토지에 해당하여 '농지(전·답)'이 아닌 '임야'로 보상을 받게 됩니다.

다만, 舊산림법이 시행되기 전에는 일정한 임야[2]의 경우 농지로 개간하거나 화전경작 등의 형질변경행위를 함에 있어 허가나 신고 등을 요하지 않았으므로, 舊산림법이 시행된 1962년 1월 20일 이

---

2 보안림에 속하지 아니한 산림 또는 경사20도 미만의 사유 임야의 경우

전부터 농지로 개간하여 이용하고 있었다면 불법형질변경토지에 해당하지 않아 '농지'로 보상을 받을 수도 있습니다.

041 전체 토지 중 일부만 수용되고 남는 토지가 있습니다. 전부 수용해 달라고 할 수 있나요?

동일한 소유자에게 속하는 일단의 토지 중 일부가 수용되고 남은 토지를 '잔여지'라고 합니다. 주로 도로, 철도 등의 선형(線形)으로 진행되는 공익사업에서는 잔여지가 문제되는 경우가 많습니다. 토지보상법은 잔여지를 종래의 목적에 사용하는 것이 현저히 곤란할 때에는 해당 토지소유자는 사업시행자에게 잔여지를 매수하여 줄 것을 청구할 수 있다고 하고 있습니다(법 제74조).

여기에서 **'종래의 목적'**이란 수용재결 당시에 당해 잔여지가 현실적으로 사용되고 있는 구체적인 용도를 의미하고, **'사용하는 것이 현저히 곤란한 때'**란 물리적으로 사용이 곤란하게 된 경우는 물론 사회적·경제적으로 사용하는 것이 곤란하게 된 경우, 즉 절대적으로 이용 불가능한 경우만이 아니라 이용은 가능하지만 많은 비용이 소요되는 경우도 포함하게 됩니다(대법원 2005. 1. 28. 선고 2002두4679 판결).

구체적으로는 ① 대지로서 면적의 과소 또는 부정형 등의 사유로 인하여 건축물을 건축할 수 없거나 건축물의 건축이 현저히 곤

란한 경우, ② 농지로서 농기계의 진입과 회전이 곤란할 정도로 폭
이 좁고 길게 남거나 부정형 등의 사유로 인하여 교통이 두절되어
사용 또는 경작이 불가능하게 된 경우, ③ 공익사업의 시행으로 인
하여 교통이 두절되어 사용 또는 경작이 불가능하게 된 경우, ④
그 외 이와 유사한 정도로 잔여지를 종래의 목적대로 사용하는 것
이 현저히 곤란하다고 인정되는 경우 등이 있습니다. <u>그러나 이러
한 구체적인 경우에도 불구하고 실제로 잔여지의 매수청구는 토지
의 극히 작은 면적만 남는 경우를 제외하고는 거의 받아들여지지
않는 것이 실무 관행입니다.</u>

한편, 토지보상법 제73조 제1항은 "잔여지의 가격이 감소하거나
그 밖의 손실이 있을 때 또는 잔여지에 통로·도랑·담장 등의 신
설이나 그 밖의 공사가 필요할 때에는 그 손실이나 공사의 비용을
보상하여야 한다"고 규정하고 있으므로, 잔여지가 공익사업의 시행
으로 일부가 수용되기 전보다 형상, 도로조건 등이 열세해졌다면
토지보상법에 따라 **잔여지의 가치하락에 대한 보상을 청구**해 볼 수
있습니다.

잔여지 손실에는 토지 일부의 취득 또는 사용으로 인하여 그 획
지조건이나 접근조건 등의 가격형성요인이 변동됨에 따라 발생하
는 수용손실, 해당 공익사업이 소음·진동·악취 등을 발생시키는
혐오시설인 경우 이로 인한 가치 하락인 사업손실, 장래의 이용가
능성이나 거래의 용이성 등에 의한 사용가치 및 교환가치의 하락
등이 모두 포함됩니다(대법원 2011. 2. 24. 선고 2010두23149 판결).

잔여지의 가치하락이 있다면 감정평가를 통해 인정되는 경우가 많으므로 잔여지 매수청구가 받아들여지지 않았다면 차선책으로 가치하락에 대한 보상을 청구해 볼 필요가 있습니다.

잔여지의 매수나 가치하락에 대한 보상은 토지소유자가 청구하는 경우에만 검토하여 보상을 해주므로 토지의 일부가 공익사업에 편입되었다면 그 청구 여부를 전문가와 상담해 보시기 바랍니다.

042 여러 필지의 토지를 한 필지처럼 이용하고 있는데 각 필지의 토지단가가 다르게 나왔습니다. 평가가 잘못된 것이 아닌가요?

감정평가를 함에 있어서 용도상 불가분의 관계에 있는 2필지 이상의 일단의 토지를 **일단지**라고 하며 이 경우 전체를 하나의 필지처럼 보고 평가를 합니다(감정평가에 관한 규칙 제7조 제2항).

따라서 2개 이상의 토지 등에 대한 감정평가는 개별평가를 원칙으로 하되, 예외적으로 2개 이상의 토지 등에 <u>거래상 일체성 또는 용도상 불가분의 관계</u>가 인정되는 경우에 일괄평가가 허용됩니다. 여기서 '**용도상 불가분의 관계**'란 일단지로 이용되고 있는 상황이 사회적·경제적·행정적 측면에서 합리적이고 당해 토지의 가치형성 측면에서도 타당하다고 인정되는 관계에 있는 경우를 말합니다.

보상현장에서는 여러 필지의 토지를 한 필지처럼 이용하고 있는

데도 불구하고 각 필지의 토지단가가 각각 다른 경우가 대부분입니다. 보상액 산정을 위한 감정평가 시 건물이 여러 필지에 걸쳐서 건축되어 있는 경우를 제외하고는 '용도상 불가분의 관계'로 인정되는 경우가 거의 없기 때문입니다.

여러 필지를 체육시설용지, 조경수목재배지, 야적장, 차고지 등으로 사용하고 있고 실제로 여러 필지가 합해져야만 규모 등에서 효용이 있는 경우에도 일단지로 인정되고 있지 않습니다. 토지소유자 입장에서는 일단지로 평가되는 것이 유리한 경우가 대부분이라 각 필지의 토지단가가 다른 경우(= 일단지로 평가되지 않은 경우) 억울할 수밖에 없습니다. 특히나 일부 토지만 도로에 접하고 나머지 토지는 개별적으로 보면 맹지인 경우 개별 필지의 가격차이가 커서 억울함을 호소하는 소유자가 많습니다.

여러 필지 중 각 필지의 토지단가가 다르게 평가되었다면, 재결 또는 행정소송 등을 통해 '용도상 불가분의 관계'에 있음을 주장해 볼 수 있으니, 주장 여부를 전문가와 상담해 보시기 바랍니다.

협의단계 감정평가에서는 용도상 불가분의 관계를 잘 인정하지 않고 토지소유자의 개별적인 사정은 고려하지 않는 경우가 대부분인 반면, 재결 또는 행정소송 단계에서는 개별적인 사정에 대한 판단을 통해 일단지로 인정받는 경우가 간혹 있다는 점도 참고하시면 좋겠습니다.

043 정부가 개발제한구역을 풀어서 아파트를 짓는다고 합니다. 토지소유자는 개발제한구역이 해제된 상태로 보상을 받나요?

토지보상법 시행규칙 제23조 제2항은 "당해 공익사업의 시행을 직접 목적으로 하여 용도지역 또는 용도지구 등이 변경된 토지에 대하여는 변경되기 전의 용도지역 또는 용도지구 등을 기준으로 평가한다."라고 규정하고 있습니다. 따라서 택지지구 개발을 위해 개발제한구역이 해제되었다 하더라도 이는 당해 공익사업의 시행을 직접 목적으로 하여 용도지역 등이 변경된 토지에 해당하므로, 토지 소유자는 개발제한구역이 해제된 상태가 아닌 제한받는 상태의 가격으로 보상을 받습니다.

그러나 소규모 단절토지이거나 관련 법령에서 해당 공익사업이 아닌 다른 이유로 개발제한구역의 해제를 예정하고 있는 등의 경우 {예: 집단취락 우선해제예정지(대법원 2010다91206 판결 참조)}에는 보상 당시 개발제한구역이 해제되어 있지 않아도 해제된 상태로 보상액이 책정될 수 있습니다.

일반적으로 사업시행자는 수용하는 수많은 토지의 개별적 상황에 대해 꼼꼼하게 검토하지 못하는 경우가 많고, 토지를 저렴하게 취득하면 사업비를 절감할 수 있는 입장이기 때문에 개발제한구역이 해제된 상태로 보상을 받을 수 있는 조건이 충족되는 토지라 할지라도 사업시행자가 먼저 적극적으로 검토해서 개발제한구역이 해제된 상태로 보상해 주는 경우는 거의 없습니다.

따라서 토지소유자는 소유하고 있는 토지가 개발제한구역이 해제된 상태로 보상을 받을 수 있는지 여부를 시·군·구의 개발제한구역 담당자 또는 전문가 등과 상담하여 일차적으로 판단하고, 만약 해제요건에 부합하는 토지라면 적극적으로 해당 내용을 사업시행자 및 감정평가사에게 전달하여 해제된 상태로 보상을 받을 수 있도록 노력할 필요가 있습니다.

---

044 토지의 일부를 도로로 이용하고 있습니다. 현황도로는 어떻게 보상을 받나요?

토지보상법 시행규칙 제26조 제1항은 현황도로인 토지의 경우 **사도법에 의한 사도**의 부지는 인근토지에 대한 평가액의 5분의 1 이내로, **사실상의 사도**의 부지는 인근토지에 대한 평가액의 3분의 1 이내로, 그 외의 도로의 부지는 인근 토지에 대한 평가액 수준으로 평가하도록 하고 있습니다.

여기서 사실상의 사도란 ① 도로개설당시의 토지 소유자가 자기 토지의 편익을 위하여 스스로 설치한 도로, ② 토지소유자가 그 의사에 의하여 타인의 통행을 제한할 수 없는 도로, ③ 건축법에 따라 건축허가권자가 그 위치를 지정·공고한 도로, ④ 도로개설당시의 토지소유자가 대지 또는 공장용지 등을 조성하기 위하여 설치한 도로 등에 해당하는 경우를 말합니다(법 시행규칙 제26조 제2항).

토지보상법에서 사실상의 사도에 대해 폭넓게 규정하고 있어 현황도로 중 많은 경우가 사실상의 사도에 해당하는 것은 사실이나, 예외적으로 그렇지 않은 경우도 있습니다.

예를 들어 도시·군관리계획에 의하여 도시계획시설(도로)로 결정된 후부터 도로로 사용되고 있는 토지(예정공도)의 경우는 사실상의 사도가 아니며 도로가 아닌 인근토지와 동일한 수준의 가격으로 평가되어야 합니다.

또한 종전에 공익사업에 편입되었지만 보상금이 지급되지 않은 토지(미지급용지)가 해당 공익사업으로 수용이 되었을 때는 현재 이용상황이 아닌 종전 공익사업에 편입될 당시의 이용상황을 상정하여 평가하도록 하고 있기 때문에 현황도로로 보지 않고 도로로 이용되기 전의 이용상황으로 보상을 받을 수 있습니다.

현황도로인 경우 대부분의 사업시행자는 해당 도로를 일단 사실상의 사도임을 전제로 담당 감정평가사에게 평가를 의뢰합니다. 사업시행자 업무를 수행하는 실무자조차 정확한 법률규정을 알지 못하거나 관습적으로 현황도로는 인근 토지에 대한 평가액의 3분의 1 가격이라고 생각하는 경우도 많습니다.

따라서 현황도로의 토지소유자는 도로개설경위 등을 전문가와 상의하여 해당 도로가 사실상의 사도에 해당하는지 여부를 검토한 후, 만약 해당 도로가 사실상의 사도가 아니라면 사업시행자나 감정평가사에게 적극적으로 이러한 사항을 전달하여 감가로 인한 손해를 받지 않도록 하는 것이 중요합니다.

045 토지가 지적도상 맹지이나 현황도로가 있습니다. 맹지로 평가받나요?

　토지보상법은 토지에 대한 보상액은 가격시점에서의 현실적인 이용상황을 고려하여 산정하여야 한다는 **"현황기준평가 원칙"**을 내세우고 있습니다. 이는 보상시점에 있어서 불법적이거나 일시적인 이용상황을 제외하고 대상토지의 현실적인 이용상황을 기준으로 평가해야 한다는 원칙인데, 여기서 이용상황은 용도뿐만 아니라 도로조건 등 대상토지의 가격에 영향을 미치는 모든 가격형성요인이 포함됩니다.

　따라서 해당 토지가 맹지인지 여부는 지적도 등 서류에 의하지 않고 실제 토지의 현황에 따라 결정됩니다. 따라서 질문의 경우와 같이 지적도상 맹지이나 현황도로가 있는 경우, 맹지가 아닌 현황도로에 접한 상태임을 전제로 현황도로의 폭, 구조, 계통의 연속성 등을 고려하여 평가하게 됩니다. 참고로 현황도로가 지적도상에 나타나지 않는 경우, 그 도로가 일시적 이용상황이 아니라는 점을 증명하기 위해서는 현장 사진, 항공사진 또는 위성사진 등으로 충분한 증거를 확보하는 작업이 선행되어야 합니다.

　구거는 용수·배수를 목적으로 하여 일정한 형태를 갖춘 인공적인 수로 및 그 부속시설물의 부지와 자연의 유수가 있거나 있을 것으로 예상되는 소규모 수로의 부지를 말합니다. 도수로도 비슷한 개념이나 구거는 물이 자연적으로 흐르던, 사람이 일정한 방향으로 흐르도록 이끌던 가리지 않고 물이 흐르고 있는 토지를 의미하나, **도수로**는 일정한 방향으로 물이 흐르도록 인공적으로 조성하여 물이 흐르고 있는 토지라는 차이가 있습니다.

　토지보상법은 구거부지에 대하여는 인근토지에 대한 평가금액이 3분의 1 이내로 평가하도록 하면서 도수로부지에 대하여는 인근의 표준적인 이용상황의 가격 수준으로 평가하도록 하고 있습니다(법 시행규칙 제26조 제3항). 다만 개설당시의 토지소유자가 자기 토지의 편익을 위하여 스스로 설치한 도수로부지의 경우에는 도수로를 이용하는 토지에 도수로부지의 가치가 상당부분 화체된 것으로 인정되므로, 구거의 보상평가방법에 따라 감가하여 보상하도록 하고 있습니다.

　구거인지 도수로인지의 여부는 개설경위, 목적, 주위환경, 소유관계, 이용상태 등의 제반사정을 고려하여 판단합니다(대법원 2001. 4. 24. 선고 99두5085 판결 참조). 토지소유자의 입장에서는 도수로로 인정받는 것이 유리하므로 지목이 구거이거나 토지현황이 물이 흐르는 수로인 경우 전문가와 상의하여 구거인지 도수로인지를 사전에 분석해 보고, 도수로로 판단할 만한 근거가 있다면 보상평가 시 적극적으로 주장하는 것이 좋습니다.

제3절 | 건축물등의 보상금

047 건축물등은 어떻게 보상이 되나요?

건축물등은 토지와 분리하여 각각 평가하여 보상하는 것이 원칙이나, 건축물등이 토지와 함께 거래되는 사례나 관행이 있는 경우에는 토지와 일괄하여 평가하게 됩니다(법 시행규칙 제20조).

건축물등은 구조, 시공상태, 이용상황, 내구연한, 이전 가능성 및 난이도 등 가격형성상의 제요인을 종합적으로 고려하여 **이전비로 보상하되**, ① 건축물등을 이전하기 어렵거나 그 이전으로 인하여 건축물등을 종래의 목적대로 사용할 수 없게 된 경우, ② 건축물등의 이전비가 그 물건의 가격을 넘는 경우, ③ 사업시행자가 공익사업에 직접 사용할 목적으로 취득하는 경우 중 <u>어느 하나에 해당할 때에는</u> **물건가격으로 보상**하게 됩니다(법 제75조 및 같은 법 시행규칙 제33조).

 Tip

실무상 건축물을 평가할 때에는 한국부동산원에서 발행하는 건물신축단가표를 기준하여 재조달원가를 적용하고 내용년수에 따른 감가수정을 통해 건물의 가격을 산정하게 됩니다.

예시

(단위: ㎡, 원)

물건의 종류	구조 및 규격	면적	재조달원가	감가 수정	단가	평가금액
주택	벽: 조적조 / 지붕: 슬라브	120.7	960,000	36/45	768,000	92,697,600

한편 도시개발사업의 시행자가 사업시행에 방해가 되는 지장물에 관하여 토지보상법 제75조 제1항 단서 제2호에 따라 물건의 가격으로 보상한 경우, 사업시행자가 당해 물건을 취득하는 제3호와 달리 수용의 절차를 거치지 아니한 이상 사업시행자가 그 보상만으로 당해 물건의 소유권까지 취득한다고 보기는 어렵지만, 지장물의 소유자가 토지보상법 시행규칙 제33조 제4항 단서에 따라 스스로의 비용으로 철거하겠다고 하는 등 특별한 사정이 없는 한 사업시행자는 자신의 비용으로 이를 제거할 수 있고, 지장물의 소유자는 사업시행자의 지장물 제거와 그 과정에서 발생하는 물건의 가치 상실을 수인하여야 할 지위에 있다는 점을 주의하셔야 합니다(대법원 2022. 11. 17. 선고 2022다242342 판결 참조).

048 무허가·불법 건축물도 보상이 되나요?

무허가·불법 건축물이라 하더라도 해당 공익사업의 사업인정고시일 이전에 건축된 경우에는 손실보상의 대상이 됩니다(대법원 2000.

3. 10. 선고 99두10896 판결 참조).

다만, 주거용 건물이 아닌 위법 건축물의 경우에는 관계법령의 입법 취지와 그 법령에 위반된 행위에 대한 비난가능성과 위법성의 정도, 합법화될 가능성, 사회통념상 거래 객체가 되는지 여부 등을 종합하여 구체적·개별적으로 판단한 결과 그 위법의 정도가 관계 법령의 규정이나 사회통념상 용인할 수 없을 정도로 크고 객관적으로도 합법화될 가능성이 거의 없어 거래의 객체도 되지 아니하는 경우에는 예외적으로 손실보상의 대상에서 제외될 수 있습니다.

가령 주거용 건물이 아닌 위법 건축물에 대하여 철거 등 원상복구명령을 받거나, 행정대집행 계고서가 발부되는 등의 사정이 있다면 그 건물은 자진철거 대상이므로 합법화될 가능성이 없어 거래 대상도 되지 않는 경우에 해당하므로 그 건물은 수용보상의 대상에서 제외됩니다.

사업인정고시가 된 후에는 허가 없이 건축물을 건축할 수 없으므로(법 제25조), 사업인정고시가 된 후에 위법하게 건축한 건축물은 보상대상이 되지 않습니다. 나아가 사업인정고시 전에 건축신고 및 착공신고를 하였다고 하더라도, 전혀 실제 건축행위를 하지 않다가 사업인정고시 이후에 추가적인 허가 없이 실제 건축행위를 한 경우에도 이는 위법한 건축물이므로 보상대상이 되지 않습니다(대법원 2014. 11. 13. 선고 2013두19738, 2013두19745 판결 참조).

049 누락된 지장물은 어떻게 해야 보상받을 수 있나요?

사업시행자로부터 통지받은 물건조서 및 보상내역서에 누락된 지장물이 있는 경우에는 사업시행자에게 '누락지장물 보상협의요청'을 통해 보상을 요구할 수 있습니다.

사업시행자는 물건조서를 작성하여 보상계획의 열람 및 공고를 통해 물건조서의 내용을 통지하여 주는데, 이를 꼼꼼히 살피지 않고 그냥 지나치는 경우 물건조서에서 누락될 수 있으며, 이를 보상받기 위해서는 누락된 지장물의 사진 등 증거자료를 포함하여 사업시행자에게 내용증명 우편을 발송함으로써 누락지장물에 대한 보상을 요구할 수 있습니다.

050 지장물의 일부가 남게 된 경우 어떻게 해야 하나요?

건축물의 일부가 취득 또는 사용됨으로서 잔여 건축물의 가격이 감소하거나 그 밖의 손실이 있을 때에는 사업시행자가 그 손실을 보상하여야 하며, 가격 감소분과 보수비를 합한 금액이 잔여 건축물의 가격보다 큰 경우에는 사업시행자가 잔여 건축물을 매수할 수 있습니다(법 제75조의2 제1항).

소유자는 잔여 건축물이 종래의 목적에 사용하는 것이 현저히 곤란할 때 공사가 완료되기 전까지 사업시행자에게 잔여 건축물을 매수·수용하여 줄 것을 청구할 수 있으나, 잔여 부분을 보수하여 종래의 목적대로 사용할 수 있다면 보수비로 보상하게 됩니다(법 제 75조의2 제2항).

한편 임대용으로 제공되고 있던 건물의 일부가 수용된 후 잔여 건물을 보수하여 계속 임대용으로 사용하는 경우, 잔여건물의 가치 하락분과 보수비를 받은 경우에도 그와 같은 수용보상에 임대수익 이 포함되어 있지 아니한 경우에는 원칙적으로 **4개월**의 범위 내에 서 보수기간이나 임대하지 못한 기간 동안의 일실 임대수입을 보상 받을 수 있습니다.

다만 잔여건물이나 임대사업 자체의 고유한 특수성으로 인하여 **4개월** 내에 잔여건물을 보수하거나 임대하는 것이 곤란하다고 객 관적으로 인정되는 경우에는 그 기간 동안의 일실 임대수입을 보상 받을 수 있습니다(대법원 2014. 12. 24. 선고 2012두17681 판결 참조).

051 토지 보상금에 포함(화체)되었다는 게 무슨 뜻인 가요?

'석축'이나 '옹벽'을 설치한 경우 별도의 지장물 보상비를 요구하 는 경우가 있습니다. 그러나 이는 토지를 평지로 유지시키면서 흙 이 무너지지 않도록 보호하는 역할을 하기 때문에 통상적으로 토지 와 함께 거래됨에 따라 별도의 보상금액으로 산정하지 않고 토지보상금액에 포함하여 평가하게 되는데, 이를 흔히 토지보상금에 화체되었다고 표현합니다.

만약 석축이나 옹벽의 규모가 크고 많은 비용이 들어 별도로 보상금이 책정되어야 할 경우라면, 설치 당시 비용을 입증할 수 있는 영수증, 견적서 등 관련 자료를 충분히 확보하여 제시할 필요가 있습니다.

052 수목(유실수와 관상수)의 보상 기준은 어떻게 되나요?

수목은 수종·규격·수령·수량·식수면적·관리상태·수익성·이식가능성 및 이식의 난이도 등 가격형성에 관련되는 제요인을 종합적으로 고려하여 이식비용과 이에 따른 고손액·감손액을 합하여 보상하되, 이식비용이 수목의 가격을 초과하는 경우 수목의 가격으로 보상하게 됩니다.

과수의 이식 가능성·이식적기·고손율 및 감수율은 시행규칙 [별표2]에서 규정하고 있으며(아래 표 참조), 이를 참작하여 보상되고, 임야에서 자연적으로 자생하는 소나무 등 잡목은 해당토지에 포함하여 평가하게 되므로 별도의 보상이 이루어지지 않습니다(법 시행규칙 제37조).

구분 수종	이식 가능 수령	이식적기	고손율	감수율	비고
일반사과	5년 이하	2월 하순~3월 하순	15퍼센트 이하	이식 1차년: 100퍼센트 이식 2차년: 80퍼센트 이식 3차년: 40퍼센트	그 밖의 수종은 유사수종에 준하여 적용한다.
왜성사과	3년 이하	2월 하순~3월 하순, 11월	20퍼센트 이하		
배	7년 이하	2월 하순~3월 하순, 11월	10퍼센트 이하		
복숭아	5년 이하	2월 하순~3월 하순, 11월	15퍼센트 이하		
포도	4년 이하	2월 하순~3월 하순, 11월	10퍼센트 이하		
감귤	8년 이하	6월 장마기, 11월, 12월~ 3월 하순	10퍼센트 이하		
감	6년 이하	2월 하순~3월 하순, 11월	20퍼센트 이하		
밤	6년 이하	11월 상순~12월 상순	20퍼센트 이하		
자두	5년 이하	2월 하순~3월 하순, 11월	10퍼센트 이하		
호두	8년 이하	2월 하순~3월 하순, 11월	10퍼센트 이하		
살구	5년 이하	2월 하순~3월 하순, 11월	10퍼센트 이하		

 Tip

수목의 물건조서 작성 시에는 '수령'만 기재되어서는 안 되며, 아래 예시와
같이 '규격'이 제시되어야 적정한 보상금이 산정될 수 있습니다.

 예시

매실나무 5년생 10주(×) → 매실나무 R:9×H:1.8 7주 / R:7 × H:1.5 3주

표기	단위	정의
H : 수고	m	지표면에서 수관의 정상까지의 수직거리
W : 수관폭	m	수관의 직경폭
B : 흉고직경	cm	지표면에서 1.2m 부위의 수간직경
R : 근원직경	cm	지표면부위의 수간직경
L : 수관길이	m	수관이 수평으로 생장하는 특성을 가진 조형된 수관의 최 대길이

053 분묘와 석물은 어떻게 보상이 되나요?

분묘는 이장에 드는 비용 등을 산정하여 보상되며(법 제75조 제4항), 보상액은 분묘이전비, 석물이전비, 잡비, 이전보조비 등의 합계액으로 산정합니다. 그 보상의 규모는 2023년 3분기 기준으로 볼 때, 단장의 경우 약 380만 원, 합장의 경우 약 490만 원으로 책정됩니다.

분묘의 조성 당시 함께 식재한 수목도 보상대상이 되는데, 임야에 분묘를 조성한 경우 자생하는 수목과 구분되지 않아 보상목록에서 누락되는 경우가 있으므로 별도의 표식을 통해 보상대상에서 누락되지 않도록 해야 합니다.

054 보상받은 물건·수목 등을 가지고 가도 되나요?

'이전비'로 보상이 이루어진 것은 보상금을 수령한 후에 모두 이전해 갈 수 있으며, 일정 기간 동안 이전하지 않을 경우 사업시행자는 토지인도·건물명도 등 소송을 제기하여 이전을 독촉하게 됩니다.

제4절 영업(휴업) · 영농 보상

055 영업(휴업)보상금의 지급 기준은 어떻게 되나요?

영업(휴업)보상금은, ① **사업인정고시일등 전**부터 ② **적법한 장소**(무허가건축물등, 불법형질변경토지, 그 밖에 다른 법령에서 물건을 쌓아 놓는 행위가 금지되는 장소가 아닌 곳)에서 ③ **인적 · 물적시설**을 갖추고, ④ **계속적으로 영업**을 행하며, ⑤ 관계법령에 의한 **허가 · 면허 · 신고** 등을 받아 그 내용대로 행하고 있는 영업이 ⑥ 해당공익사업의 시행으로 **휴업**하는 경우에 지급됩니다(법 시행규칙 제45조).

영업(휴업)보상금은, ① 휴업기간에 해당하는 **영업이익**(최근 3년간의 평균영업이익)과 ② 영업장소 이전 후 발생하는 **영업이익 감소액**에 ③ 휴업기간 중의 영업용 자산에 대한 **감가상각비 · 유지관리비 · 고정적비용**과 ④ 영업시설 · 원 재료 · 제품 및 상품 이전비용 및 이전에 따른 감손상당액, 이전광고비 및 개업비 등 **영업장소 이전으로 인하여 소요되는 부대비용**을 합한 금액으로 산정합니다.

휴업기간은 **4개월** 이내로 하나, 당해 공익사업을 위한 영업의 금지 또는 제한으로 인하여 4개월 이상의 기간 동안 영업을 할 수 없거나, 영업시설의 규모가 크거나 이전에 고도의 정밀성을 요구하는 등 당해 영업의 고유한 특수성으로 인하여 4개월 이내에 다른 장소로 이전하는 것이 어렵다고 객관적으로 인정되는 경우에는 2년의 범위 내에서 실제 휴업기간을 적용할 수 있습니다.

그러나 실무상 사업시행자가 먼저 4개월 이상의 휴업보상을 인정해 주는 경우는 거의 없고, 보상금증감소송에서 4개월 이상의 휴업보상을 주장하여 인정받은 경우는 대부분 실제 이전에 소요되는 기간과 그 이유를 매우 자세하게 객관적 증거로서 입증했던 사안이므로, 입증을 위한 시간과 노력이 큰 부담일 수 있습니다.

056 폐업하게 되면 어떤 보상을 받을 수 있나요?

영업을 폐업하는 경우 최근 3년간의 평균영업이익을 기준으로 **2년간**의 영업이익과 고정자산, 원재료, 제품 등 매각손실액을 더한 금액으로 보상받을 수 있습니다. 그러나 영업의 폐업은 인접 시·군 또는 구 지역 안의 다른 장소로 이전하는 것이 가능한지 여부에 달려 있습니다.

> **토지보상법 시행규칙**
> **제46조(영업의 폐지에 대한 손실의 평가 등)** ① 공익사업의 시행으로 인하여 영업을 폐지하는 경우의 영업손실은 2년간의 영업이익(개인영업인 경우에는 소득을 말한다. 이하 같다)에 영업용 고정자산·원재료·제품 및 상품 등의 매각손실액을 더한 금액으로 평가한다.
> ② 제1항에 따른 영업의 폐지는 다음 각 호의 어느 하나에 해당하는 경우로 한다. <개정 2007. 4. 12., 2008. 4. 18.>
> 　1. 영업장소 또는 배후지(당해 영업의 고객이 소재하는 지역을 말한다. 이하 같다)의 특수성으로 인하여 당해 영업소가 소재하고 있는 시·군·구(자치구를 말한다. 이하 같다) 또는 인접하고 있는 시·군·구

의 지역안의 다른 장소에 이전하여서는 당해 영업을 할 수 없는 경우

2. 당해 영업소가 소재하고 있는 시·군·구 또는 인접하고 있는 시·군·구의 지역안의 다른 장소에서는 당해 영업의 허가등을 받을 수 없는 경우

3. 도축장 등 악취 등이 심하여 인근주민에게 혐오감을 주는 영업시설로서 해당 영업소가 소재하고 있는 시·군·구 또는 인접하고 있는 시·군·구의 지역안의 다른 장소로 이전하는 것이 현저히 곤란하다고 특별자치도지사·시장·군수 또는 구청장(자치구의 구청장을 말한다)이 객관적인 사실에 근거하여 인정하는 경우

실무상 이러한 이전 가능성 여부를 판단하기 위하여 법원은, 법령상의 이전장애사유 유무와 당해 영업의 종류와 특성, 영업시설의 규모, 인접지역의 현황과 특성, 그 이전을 위하여 당사자가 들인 노력 등과 인근 주민들의 이전반대 등과 같은 사실상의 이전장애사유 유무 등을 종합한다는 판단기준을 제시하고 있습니다(대법원 판례).

판례 대법원 99두3645 판결

> 토지수용법 제57조의2에 의하여 준용되는 공공용지의취득및손실보상에관한특례법 제4조 제4항, 같은법시행령 제2조의10 제7항, 같은법시행규칙 제24조 제1항, 제2항 제3호, 제25조 제1항, 제2항, 제5항의 각 규정을 종합하여 보면, 영업손실에 관한 보상의 경우 같은법시행규칙 제24조 제2항 제3호에 의한 영업의 폐지로 볼 것인지 아니면 영업의 휴업으로 볼 것인지를 구별하는 기준은 당해 영업을 그 <u>영업소 소재지나 인접 시·군 또는 구 지역 안의 다른 장소로 이전하는 것이 가능한지 여부</u>에 달려 있고, 이러한 이전 가능성 여부는 <u>법령상의 이전 장애사유 유무와 당해 영업의 종류와</u>

특성, 영업시설의 규모, 인접지역의 현황과 특성, 그 이전을 위하여 당사자가 들인 노력 등과 인근 주민들의 이전 반대 등과 같은 사실상의 이전 장애사유 유무 등을 종합하여 판단하여야 한다.

특히 도시지역 인근의 축산업이 실무상 자주 문제가 됩니다. 축사를 인접 시·군 또는 구 지역에 이전하려는 경우 주로 그 지역 주민들의 민원으로 인해 사실상 적당한 부지를 확보하는 것이 힘들어 폐업을 할 수밖에 없는데, 폐업보상을 받기 위해서는 인접지역 전부에서 민원 등의 사유로 축사 신축 허가가 불허되었다는 사정 등을 공적인 문서로 확보하여 입증하도록 요구하고 있어 사실상 폐업보상이 거의 인정되지 않는 실정에 있습니다.

그러나 축산영업에 대한 폐업보상이 반드시 필요하다는 점에 대한 논리적 주장과 객관적인 입증 노력이 더해지는 경우 법원에서 인정되는 사례도 있습니다.

판례 **대법원 2004두7672 판결**

이 사건 축산시설의 소재지인 용인시 및 그 인접 시·군 지역의 도시화가 빠른 속도로 진행되어 주거지역이 확대됨에 따라 법적 제한사항이 없는 곳으로서 이 사건 축산업과 같은 대규모의 돼지 등을 수용할 축산시설을 이전할 만한 부지를 구하는 것이 쉽지 아니하는 등 판시와 같은 사정에 비추어 보면, 원고가 이 사건 축산업을 용인시 또는 그 인접 시·군 지역 안의 다른 장소에 이전하는 것이 불가능하므로 이 사건 축산업에 대하여 폐업보상을 하여야 하고, 가사 이 사건 축산업의 이전이 가능하여 휴업보상을 하여야 하더라도 그 휴업보상액이 폐업보상액을 초과하므로 이 사건 이의재결이 어느 모로 보나 위법하다.

한편, 영업자가 영업의 폐지 후 2년 이내에 해당 영업소가 소재하는 시·군·구 또는 인접하고 있는 시·군·구의 지역 안에서 동일한 영업을 하는 경우, 영업폐지에 대한 보상금을 환수하고 휴업에 대한 보상금으로 보상하도록 규정하고 있습니다.

057 사업자등록증만 있으면 영업보상을 받을 수 있나요?

「부가가치세법」 제8조에 따른 사업자등록증은 조세 편의를 위한 것이지 적법한 영업임을 증명하는 것이 아니기 때문에 영업보상을 받을 수 있는 요건에 해당하지 않습니다. 따라서 사업자등록이 있다는 것만으로 영업보상을 받을 수 있는 것이 아니고, 사업자등록이 없다고 하여 영업보상 대상에서 제외되는 것이 아닙니다.

다만, 무허가 건축물등에서 '임차인'이 영업하는 경우에는 그 임차인이 사업인정고시일등 1년 이전부터 「부가가치세법」 제8조에 따른 사업자등록을 하고 영업을 행하고 있을 것이 영업보상의 요건이 됩니다.

058

무허가·불법 건축물에서 영업하는 경우에도 보상 받을 수 있나요?

　무허가 건축물등에서 '임차인'이 영업하는 경우에는 그 임차인이 사업인정고시일등 1년 이전부터 사업자등록을 하고 영업을 행하고 있다면, **1천만 원** 한도 내에서 영업손실 보상금을 받을 수 있습니다(법 시행규칙 제45조 및 제46조 제5항).

　그러나 무허가 건축물등의 '소유자'는 설사 그곳에서 영업을 하였다 하더라도 원칙적으로 영업손실 보상을 받지 못합니다.

　다만, 1989. 1. 24. 이전에 건축된 무허가건축물에서의 영업은 토지보상법 시행령 부칙 규정에 따라 적법한 건축물에서의 영업으로 보도록 규정하고 있으므로 임차인이 하는 영업은 물론 소유자의 영업도 보상 대상이 됩니다. 이때 임차인에 대한 영업보상은 영업 기간, 사업자등록 요건이 적용되지 않으며 보상금 상한 등도 적용되지 않습니다.

059

기준일 이후 영업을 승계한 경우 보상을 받을 수 있나요?

　토지보상법에 따라 이행한 절차와 그 밖의 행위는 승계인에게도 그 효력이 미치기 때문에, 기준일(사업인정고시일) 이후에도 영업에 대한 권리일체를 적법하게 승계하였다면 영업보상을 받을 수 있습니다(법 제5조, 대법원 판례).

판례 대법원 2010두12842 판결

> 체육시설업의 영업주체가 영업시설의 양도나 임대 등에 의하여 변경되었음
> 에도 그에 관한 신고를 하지 않은 채 영업을 하던 중에 공익사업으로 영업
> 을 폐지 또는 휴업하게 된 경우라 하더라도, 그 임차인 등의 영업을 보상대
> 상에서 제외되는 위법한 영업이라고 할 것은 아니다. 따라서 그로 인한 영
> 업손실에 대해서는 법령에 따른 정당한 보상이 이루어져야 마땅하다.

060　임대수익의 손실은 어떻게 보상받나요?

부동산의 임대소득은 부동산 원물에 대한 자산소득을 이루는 것
이어서, 해당 부동산에 대한 보상 외에 부동산 임대업에 따른 영업
손실은 별도로 보상하지 않음이 원칙입니다.

임대인은 임차인과 보상절차에 따른 임대차기간을 협의하여 최
대한 임대수익을 유지하고, 부득이 보상이 완료되기 전에 임차인이
먼저 퇴거하게 될 경우에는 기존 보증금과 임대료를 하향하는 방법
을 통해 건물에 대한 보상이 완료되기까지 임대차 수익을 유지하는
것도 손실을 줄이는 방법이 될 수 있습니다.

한편, 3기신도시 사업의 경우 포용적 기업이전대책을 통해 '개
발제한구역 내 동·식물창고(훼손지 토지소유자)'에 대한 생계대책을 수
립함으로써 창고 임대인들에 대한 간접보상을 시행하는 사례가 있

다는 점을 유의할 필요가 있습니다.

061 보상금을 수령하기 전에 이전하면 어떻게 되나요?

이주대책 및 생활대책 대상자가 되기 위한 요건 중에는 보상계약체결일 또는 수용재결일까지 거주 또는 영업할 것을 조건으로 하는 경우가 있으므로, 보상금 수령 전에 이전하여도 불이익이 발생하지 않는지 반드시 확인할 필요가 있습니다.

거주 및 영업장소의 이전으로 인해 영업의 계속성이 단절되는 문제가 발생하여 사업시행자가 보상을 거부할 경우 보상대상자가 관련 자료를 통해 영업사실과 계속성을 증명해야 하는 어려움이 따르므로, 관련 자료를 철저히 준비하고 사업시행자로부터 확인을 받는 등 적정한 조치를 취한 후 이전할 필요가 있습니다.

062 영농보상(농업손실) 보상금의 지급 기준은 어떻게 되나요?

사업인정고시일 당시부터 적법하게 경작 중인 농민에 대하여 사업지구에 편입되는 농지의 면적에 통계청이 매년 조사·발표하는 농가경제조사통계에 의하여 산출한 도별 연간 농가평균 단위경작면적당 농작물 총수입의 **직전 3년간 평균액의 2년분**을 곱하여 산정한 금액으로 보상하되, 실제소득이 위 평균액보다 많은 경우에는 국토교통부장관이 농림축산식품부장관과의 협의를 거쳐 고시하는 「농작물 실제 소득인정 기준」에 의한 농작물 총수입의 거래실적 입증자료를 제출하여 연간 단위 경작면적당 실제소득의 2년분을 곱하여 산정한 금액으로 보상받을 수 있습니다.

여기서 '**농민**'이란, '농업인'과 '농업법인'을 함께 이르는 말입니다.

'**농업인**'은, 농업에 종사하는 개인으로서 농지법 시행령 제3조에 정하는 사람입니다.

농지법 시행령
제3조(농업인의 범위)
1. 1천제곱미터 이상의 농지에서 농작물 또는 다년생식물을 경작 또는 재배하거나 1년 중 90일 이상 농업에 종사하는 자
2. 농지에 330제곱미터 이상의 고정식온실·버섯재배사·비닐하우스, 그 밖의 농림축산식품부령으로 정하는 농업생산에 필요한 시설을 설치하여 농작물 또는 다년생식물을 경작 또는 재배하는 자
3. 대가축 2두, 중가축 10두, 소가축 100두, 가금(家禽: 집에서 기르는 날짐승) 1천수 또는 꿀벌 10군 이상을 사육하거나 1년 중 120일 이상 축산업에 종사하는 자
4. 농업경영을 통한 농산물의 연간 판매액이 120만원 이상인 자

'**농업법인**'은, 「농어업경영체 육성 및 지원에 관한 법률」 제16조에 따라 설립된 영농조합법인과 같은 법 제19조에 따라 설립되고 업무집행권을 가진 자 중 3분의 1 이상이 농업인인 농업회사법인을 말합니다.

이처럼 영농보상은 사업인정고시 당시부터 협의 또는 수용재결 당시 실제 경작하고 있는 실제 경작자에게 보상하는 것을 원칙으로 하고 있으나, 실제 경작자가 자의로 이농하는 등의 사유로 보상협의일 또는 수용재결일 당시에 경작을 하고 있지 않는 경우, 영농손실액은 제4항에도 불구하고 농지의 소유자가 해당 지역에 거주하는 농민인 경우에 한정하여 농지의 소유자에게 보상합니다(법 시행규칙 제48조 제5항).

이 경우 '**해당지역**'은, 1) 당해 토지가 소재하는 시·구·읍·면, 2) 위 1)지역과 연접한 시·구·읍·면, 또는 3) 1) 및 2) 외의 지역으로서 당해 토지의 경계로부터 직선거리 30km 이내의 지역을 의미합니다. 해당 지역에 거주하여야 하는 요건은 농지의 소유자에게만 해당하고, 실제 경작자가 해당지역에 거주할 것을 요건으로 하지 않으므로 거주하지 않는다고 하여 실제 경작자에서 제외되는 것은 아닙니다.

간혹, 농지를 임대해 준 소유자가 본인이 영농보상을 받기 위해 사업시행 이후 임대차계약을 해제하고 본인이 일시 경작하는 경우가 있는데, 위 규정에서 해당 농지의 소유자가 해당 지역에 거주하는 농민인 경우에 한하여 농지의 소유자에게 보상하도록 하고 있으므로 해당 지역에 거주하지 않는 소유자라면 영농보상 대상이 되지 않음에 유의하여야 합니다.

063 임차농도 보상기준이 동일한가요?

실제 경작자 보상이 원칙이므로 보상기준은 동일합니다. 다만 농지의 소유자가 해당지역에 거주하는 농민인 경우에는 농지 소유자와 실제 경작자간의 협의가 성립된 경우 협의내용에 따라 보상하고, 협의가 성립되지 않을 경우 각 50%에 해당하는 금액을 보상합니다.

어느 때나 농지의 소유자가 해당 지역에 거주하지 않는 경우에는 영농보상이 되지 않으므로, 임차인의 경우 농지 소유자가 해당 지역에 거주하지 않는다면 임대차계약해지 등에 대해 적절히 대응하여야 합니다.

064 화훼업도 영농보상을 받을 수 있나요?

화훼업도 원칙적으로 영농보상을 받을 수 있습니다.

그러나 지력을 이용하지 않고 지상에 통나무·묘판·기타 구조물을 설치하여 그 시설물에 표고버섯·느타리버섯·약초·기타 특수작물을 재배함으로써 자연적 환경이나 교통 등과 같은 사회적 환경 등이 유사한 인근의 대체지로 옮겨 계속 재배를 할 수 있는 경우에는 영농보상에서 제외됩니다.

065 축산업에 대한 보상은 어떻게 되나요?

축산보상은 적법하게 허가를 받거나 등록을 하고 가축별 기준 마리수 이상을 기르는 경우 보상이 이루어지며, 영업보상금 산정방식을 준용하여 영업이익과 이전비 등을 고려한 보상금을 지급하게 됩니다. 단, 기준 마리수 조건을 충족한다고 하더라도, 「축산법」 제22조에 의해 허가 또는 등록을 하여야 하는 가축사육업으로서 허가 또는 등록을 하지 않은 경우 축산보상 대상에서 제외됩니다.

축산보상은 영업보상과 달리 생물에 대한 보상으로서 이전에 따른 손실(유산율, 체중감소율 등)이 쟁점이 될 수 있으며, 이전이 불가능한 경우 폐업보상을 주장해야 하는데, 인접 시·군·구의 다른 장소로 이전이 불가능하다는 것을 입증해야 하는 어려움이 있어 사실상 폐업보상이 이루어지기는 몹시 어렵습니다.

다만, 수도권 일대는 점차적으로 '가축사육제한구역'이 증가하고 있기 때문에 해당 지자체를 통한 가축사육에 대한 인·허가가 불가능하다는 점을 입증할 가능성이 남아 있습니다.

제5절 | 이주대책

066   이주자택지, 이주자주택, 이주정착금이 무엇인가요?

사업시행자는 공익사업의 시행으로 인하여 주거용 건축물을 제 공함에 따라 생활의 근거를 상실하게 되는 자(이하 '**이주대책대상자**'라 합 니다)를 위하여 이주대책을 수립·실시하거나 이주정착금을 지급하 여야 합니다(법 제78조 제1항).

위 이주대책 수립·실시 의무 또는 이주정착금 지급의무는 강행 규정이므로(판례), 사업시행자는 반드시 이주대책의 일환으로 이주 자택지 또는 이주자주택을 공급하거나 이주정착금을 지급하여야 합니다. 다만 이주대책 대상자 중 이주를 희망하는 가구 수가 10호 미만일 경우에는 이주대책을 수립하지 않을 수도 있습니다(법 시행령 제40조 제2항).

한편 어떠한 방식의 이주대책을 마련할 것인지에 대하여는 사업 시행자에게 폭넓은 재량권을 인정하고 있으므로, 현실적으로는 사 업시행자에 의하여 이주대책의 구체적 내용이 결정됩니다.

보통 사업시행자는 단독주택을 보유하고 있는 이주대책대상자 에게는 이주자택지를 공급하고, 이주자택지를 공급받을 수 있는 권 리를 포기하거나 아파트 등 집합건물을 보유하고 있는 이주대책대 상자에게는 이주자주택을 공급하며, 이주자 택지 또는 이주자 주택 을 공급받을 권리를 포기하거나 해당 사업지구의 여건상 이주자 택

지 또는 이주자 주택의 공급을 받지 못하는 경우 이주정착금으로
지급합니다.

067   이주대책대상자 선정 요건은 무엇인가요?

이주대책대상자는 "공익사업의 시행으로 인하여 주거용 건축물
을 제공함에 따라 생활의 근거를 상실하게 되는 자"로, "이주대책
기준일부터 최초보상개시일(협의계약체결일 또는 수용재결일)까지 당해 사
업지구 내에 <u>주거용 건물</u>을 **소유**하면서 **계속 거주**한 자"를 말합니
다(법 제78조 제1항 및 동 시행령 제40조 제5항).

먼저, **주거용**이 아닌 건물, 즉 근린생활시설이나 사무실, 창고
등을 제공한 사람은 이주대책대상자가 아닙니다.

대법원은, 사업시행자가 사업부지 내 철거 건축물의 건축물대장
상 용도가 '주거용' 아닌 '근린생활시설'이라는 이유로 그 건물을 이
주대책대상에서 배제한 처분을 위법하지 않다고 보고 있고, 이주대
책기준일 당시 주거용 건물이 아니었던 건물이 그 후 주거용으로
용도 변경된 경우, 이주대책대상이 되는 주거용 건축물이 아니라고
판시하고 있습니다.

둘째, 주거용 건축물 소유자일지라도 허가를 받지 아니하거나
신고를 하지 아니하고 건축 또는 용도변경을 한 건축물의 소유자는
이주대책대상에서 제외됩니다(법 시행령 제40조 제5항 제1호). 다만 1989.

1. 24. 이전에 허가를 받지 아니하거나 신고를 하지 아니하고 건축한 무허가 건축물 소유자는 이주대책 대상자에 포함됩니다(법 시행령 부칙 제6조).

셋째, 이주대책대상자로 선정되기 위해서는 해당 건축물에 이주대책기준일부터 계약체결일 또는 수용재결일까지 **계속하여 거주**한 소유자여야 합니다.

넷째, 원칙적으로 '소유' 요건은 건물등기부등본을 기준으로 판단하고, '거주' 요건은 주민등록초본을 기준으로 판단합니다.

다만, 주민등록초본상 해당 공익사업 지구 밖에 전출한 기록이 있더라도, **질병**으로 인한 요양, **징집**으로 인한 입영, **공무**, **취학**, 그밖에 이에 준하는 부득이한 사유로 인하여 거주하지 아니한 경우는 예외적으로 이주대책 대상자로 인정합니다(법 시행령 제40조 제5항 제2호).

또한 주민등록초본에 전입기록이 없더라도 전기, 수도 기타 공과금 등을 본인 명의로 납부하면서 실제로 거주하였음을 입증한다면 드물게 행정소송을 통하여 이주대책대상자에 포함되어 구제될 가능성도 있습니다.

마지막으로, 이주대책에 관한 규정은 주거용 건축물에서 투기목적 없이 오랫동안 거주한 원주민을 보호하기 위한 취지로 입법된 것이므로, 그 입법취지를 고려할 때 **자연인**을 대상으로 하고 법인이나 단체는 이주대책대상자가 될 수 없습니다.

이주대책대상자 선정 기준일은 토지보상법 시행령 제40조에 따라 "공익사업을 위한 관계법령에 따른 고시 등이 있은 날"인데, 각 공익사업의 근거법령에 따라 개별적으로 정해집니다. 예를 들어, 공공주택 특별법에 따른 공공주택사업의 경우 **주택지구 지정 공람공고일**, 산업입지 및 개발에 관한 법률에 따른 산업단지개발사업의 경우 **산업단지 지정 공람공고일**이 이주대책 기준일이 됩니다.

'공람(열람)'이란 행정청의 행정사항에 대한 결정, 인가, 변경 등에 있어 그 내용에 대한 일반시민, 이해관계인의 의견을 듣기 위하여 일정기간 동안 관계서류 등을 공개하는 행위를 말하고, '공람공고(열람공고)'란 이러한 공람(열람)의 주요 내용과 열람기간, 열람장소 등을 널리 알리는 행위를 말합니다.

'지구지정 공람공고'는 행정청이 장차 해당 지역에서 공익사업을 시행하겠다는 것을 대중에게 최초로 공개하는 행위입니다. 그래서 투기목적 또는 오로지 보상금 증액만을 위하여 부동산을 거래하는 것을 방지하고자 '지구지정 공람공고일'을 이주대책의 기준으로 삼는 것입니다.

참고로 한국토지주택공사(LH)는 이주대책 중 이주자택지의 경우 투기목적 방지, 공급물량 부족 등을 이유로 수도권의 경우 이주대책 기준일 1년 전부터 주거용 건축물을 소유하면서 거주한 사람에 한하여 공급하고 있습니다. 그러나 지방의 경우, 2022년 5월 '이주대책 수립지침'의 개정으로 소유 여부는 기준일 이전으로, 거주 여부는 기준일 1년 전부터로 적용하고 있습니다.

069　세입자도 이주대책대상자가 될 수 있나요?

　세입자는 원칙적으로 이주대책대상자에서 제외됩니다. 다만, 해당 공익사업지구에 주거용 건축물을 소유한 자로서 (사업시행지구 내) 타인이 소유하고 있는 건축물에 거주하는 세입자는 이주대책대상자가 될 수 있습니다(법 시행령 제40조 제5항 제3호).

검토 사업시행지구 내 건축물 소유자이자 다른 건축물 세입자인 경우

> 위 법 시행령 제40조에 의해 원칙적으로 이주대책대상자가 되어 이주자택지 또는 이주자주택을 받거나 이주정착금을 받을 수 있습니다.
> 그러나 도시정비법 상 재개발의 경우 주거이전비의 지급대상은 아니라는 대법원 판례가 있다는 점 유의할 필요가 있습니다.

판례 대법원 2017두40068 판결

> 구 도시정비법이 적용되는 주택재개발정비사업의 사업구역 내 주거용 건축물을 소유하는 주택재개발정비조합원이 사업구역 내의 타인의 주거용 건축물에 거주하는 세입자일 경우(이하 '소유자 겸 세입자'라 한다)에는 구 도시정비법 제40조 제1항, 구 토지보상법 시행규칙 제54조 제2항에 따른 '세입자로서의 주거이전비(4개월분)' 지급대상은 아니라고 봄이 타당하다.

이주대책은 헌법 제23조 제3항에 규정된 정당한 보상에 포함되는 것이라 기보다는 이에 부가하여 이주자들에게 종전의 생활상태를 회복시키기 위한 생활보상의 일환으로서 국가의 정책적인 배려에 의하여 마련된 제도이므로 이주대책의 실시 여부는 입법자의 입법정책적 재량의 영역에 속하여 위 규정이 이주대책의 대상자에서 세입자를 제외하고 있는 것이 세입자의 재산권을 침해하는 것이라 볼 수 없다.

소유자와 세입자는 생활의 근거의 상실 정도에 있어서 차이가 있는 점, 세입자에 대해서 주거이전비와 이사비가 보상되고 있는 점을 고려할 때, 입법자가 이주대책 대상자에서 세입자를 제외하고 있는 규정을 불합리한 차별로서 세입자의 평등권을 침해하는 것이라 볼 수는 없다.

다만, 세입자도 일정한 요건을 갖추면 주거이전비, 이사비의 보상을 받을 수는 있는바, 그 자세한 내용은 아래 별도 항목에서 설명하도록 하겠습니다.

070	주거용 건축물을 부부가 2분의 1씩 공유로 소유 및 거주하고 있는 경우 이주자택지는 2개가 나오나요?

이주자택지는 1세대당 1필지를 기준으로 하여 점포겸용 단독주택용지의 경우 1필지당 265㎡ 이하, 주거전용 단독주택용지의 경우 1필지당 330㎡ 이하의 규모로 공급됩니다.

1세대당 1필지를 기준으로 하기 때문에, 부부가 2분의 1씩 공유하는 경우는 물론이고, 생계를 같이하는 동일세대가 2개 이상의 주거용 건축물을 소유한 때에도 1필지를 공급합니다. 나아가 법률상 부부가 장차 이혼할 목적으로 각기 다른 세대를 구성하고 있더라도 동일세대로 보아 이주자택지는 1필지만 공급합니다(판례).

판례 대법원 93다35469 판결

> 택지개발촉진법시행규칙 제7조 제1항은 공공용지의취득및손실보상에관한특례법에 의한 협의에 응하여 시행자에게 예정지구 안의 토지의 전부를 양도한 자에게 택지를 수의계약으로 공급할 때에는 1세대 1필지를 기준으로 하여 공급하여야 한다고 규정하고 있는데, 이러한 경우 법률상 부부가 각기 다른 세대를 구성하고 있는 경우에는 택지개발촉진법의 취지에 비추어 이를 동일세대로 보아야 한다.

071　이주정착금은 얼마인가요?

이주정착금은 보상대상인 주거용 건축물에 대한 평가액의 30%에 해당하는 금액으로 하되, 그 금액이 1,200만 원 미만인 경우에는 1,200만 원으로 하고, 2,400만 원을 초과하는 경우에는 2,400만 원으로 합니다(법 시행규칙 제53조).

다만, 위 이주정착금에 대한 규정은 2020. 12. 11. 개정된 것으로 2020. 12. 11. 이후 최초로 이주정착금을 지급하는 공익사업시행지구부터 적용됩니다.

그래서 2020. 12. 11. 이전에 이미 이주정착금이 일부의 현금청산대상자에게라도 지급된 공익사업 지구에는 구법이 적용됩니다. 구법은 이주정착금의 하한을 600만 원으로, 상한을 1,200만 원으로 규정하고 있어서 현행법이 적용되는 사업지구의 절반에 해당하는 금액만 지급받게 됩니다.

072 주거이전비, 이사비는 누구에게, 얼마를 주나요?

(1) 주거이전비 지급요건

① 소유자

'적법한 주거용 건축물'을 **소유**하면서 **계속 거주**한 자여야 합니다(법 시행규칙 제54조 제1항). '소유' 요건은 '건물'의 등기부등본을 기준으로 판단하고, '거주' 요건은 일차적으로 주민등록초본을 기준으로 판단합니다.

따라서 무허가건축물이나 근린생활시설의 소유자는 주거이전비를 받을 수 없습니다. 다만, 무허가건축물이 1989. 1. 24. 이전에 건축된 건물이라면 적법한 건축물로 간주되므로 주거이전비 등을 보상받을 수 있습니다(법 시행령 부칙 제6조).

그리고 소유자가 '공람공고일부터 보상일(협의계약일 또는 수용재결일)까지 계속하여 거주'하여야 합니다. 주민등록초본상 해당 공익사업 지구 밖에 전출한 기록이 있더라도, 실제로 전출기간에도 공익사업지구 내에서 거주하였음을 여러 가지 증거를 통하여 입증할 수 있다면 주거이전비를 지급받을 가능성이 남아 있습니다.

② 세입자

세입자도 '적법한 주거용 건축물'에 거주하는 사람이어야 합니다. 따라서 원칙적으로 무허가건축물이나 근린생활시설에서 거주한 세입자는 주거이전비를 받을 수 없습니다. 다만, 무허가 건축물등에 입주한 세입자의 경우 사업인정고시일등 당시 또는 기준일 당시 그 사업지구 안에서 1년 이상 거주하는 경우 주거이전비를 받을 수 있습니다(법 시행규칙 제54조 제2항).

그리고 세입자가 '공람공고일 당시 3개월 이상 거주'하여야 합니다. 한편, 판례에 따르면 세입자는 소유자와 달리 보상개시일까지 계속 거주할 것을 요하지 않습니다. 세입자의 경우 공람공고일에 곧바로 주거이전비 채권이 발생하므로, 공람공고일 이후에 이사하였더라도 주거이전비를 보상받을 수 있습니다.

한편, 과거 법원에서는 무상 세입자(대표적인 예로 부모님 집에서 사는 자녀 등)의 경우 주거이전비 지급 대상자가 아니라고 보았으나, 이에 대하여 많은 비판이 있었고 국민권익위원회의 시정권고도 있었습니다. 이에 무상 세입자도 요건을 갖추면 주거이전비를 보상하도록 법령이 개정되어 이 문제는 입법적으로 해결되었습니다(법 시행규칙 제54조 제2항).

(2) 이사비는 누구에게 주나요?

공익사업시행지구에 편입되는 주거용 건축물의 거주자가 해당 공익사업시행지구 밖으로 이사를 하는 경우, 또는 사업시행자가 지정하는 해당 공익사업시행지구 안의 장소로 이사하는 경우에는 **이사비**를 보상받을 수 있습니다(법 시행규칙 제55조 제2항).

소유자, 세입자를 불문하고 주거용 건축물에 거주한 자이기만 하면 거주기간과 관계없이 이사비를 지급받을 수 있습니다.

(3) 주거이전비 금액

① 소유자

소유자의 주거이전비는 통계청에서 발표하는 '도시근로자가구의 가구원수별 월평균 명목 가계지출비'의 **2개월분**으로 산정됩니다.

다만, 통계청은 위 월평균 가계지출비를 매년 발표하는데, 어느 연도의 통계자료를 기준으로 주거이전비를 산정할지에 대하여 다툼이 있습니다.

세입자와 달리 소유자의 경우 주거용 건축물에 대한 보상이 이루어질 때 비로소 주거이전비 지급청구권을 취득하므로, 주거이전비 지급청구권을 취득하는 수용재결일이 속한 연도의 통계자료를 기준으로 주거이전비를 산정하는 것이 타당하다고 본 고등법원 판례가 있습니다(서울고등법원 2016누66164). 다만, 해당 사건의 원고는 도시정비법 상 조합원인 소유자이자 사업구역 내 다른 건축물에 거주한 세입자였는데, 상고심인 대법원에서 원고가 주거이전비 지급 대상자가 아니라고 보아 기각하면서 소유자에 대한 주거이전비 산정 기준시기를 별도로 설시하지는 않았습니다(대법원 2017두40068).

이와 같이 소유자의 주거이전비 산정 기준시기에 대하여 명확한 대법원 판례가 없기 때문에 사업시행자가 최초 사업인정고시일을 기준으로 산정한 주거이전비만 지급하는 사례가 종종 있습니다.

최초 사업인정고시일이 수용재결일보다 10년 이상 빠른 경우도 종종 있고, 그러한 경우 주거이전비가 수백만 원 차이가 나게 됩니다. 그러나 소유자의 경우 수용재결일을 기준으로 주거이전비를 산정하는 것이 보다 합리적이라 할 것이므로, 사업시행자가 지급한 금액이 법정보상금액보다 부족하지는 않은지 잘 확인하여야 합니다.

② 세입자

세입자의 주거이전비는 통계청에서 발표하는 '도시근로자가구의 가구원수별 월평균 명복 가계지출비'의 **4개월분**으로 산정됩니다. 소유자보다 두 배 많은 액수입니다.

세입자의 주거이전비 산정 기준시기는 소유자와 달리 <u>공람공고일 또는 사업인정고시일</u>이 일응의 기준으로 적용됩니다.

법 시행규칙 제54조 제2항이 세입자의 주거이전비 지급요건을 '사업인정고시일등 당시 또는 공익사업을 위한 관계 법령에 따른 고시 등이 있은 당시 해당 공익사업시행지구 안에서 3개월 이상 거주한 자'로 규정하고 있고, 대법원도 그에 비추어 세입자의 주거이전비 산정 기준시기를 사업인정고시일로 설시하고 있는 것으로 해석됩니다.

판례 대법원 2011두22792 판결

> 2007. 4. 12. 건설교통부령 제556호로 개정된 공익사업을 위한 토지 등의 취득 및 보상에 관한 법률 시행규칙(이하 '개정 시행규칙'이라 한다) 시행 이후에 사업시행인가 고시가 이루어진 정비사업에 관하여 세입자에게 지급되는 주거이전비에 관하여는, 특별한 사정이 없으면 사업시행인가 고시 당시 시행 중인 개정 시행규칙이 준용되어 그 시행규칙에서 정한 보상대상자 요건 및 보상금액에 따라 보상의무가 정해진다. 그리고 주거이전비의 보상내용은 사업시행인가 고시가 있은 때에 확정되므로 이때를 기준으로 보상금액을 산정해야 한다.

▶ 2023년 7월 기준 주거이전비

가구원 수	소유자(2월분)	세입자(4월분)
1인	5,124,850	10,249,700
2인	7,649,200	15,298,400
3인	11,056,350	22,112,710
4인	14,315,350	28,630,700
5인	14,010,160	28,020,330
6인	16,130,490	32,260,980

(4) 이사비 금액

주거용 건축물의 소유자 또는 세입자에게 지급하여야 하는 <u>주거이전비 및 이사비의 보상내용은 사업인정고시가 있은 때에 확정되므로 이때를 기준으로 한 통계자료로 이사비를 산정하게 됩니다</u>(서울고등법원 2017누75271 판결).

판례 **서울고등법원 2017누75271 판결**

> 공익사업의 시행에 따라 이주하는 주거용 건축물의 소유자 또는 세입자에게 지급하여야 하는 주거이전비 및 이사비의 보상내용은 사업시행인가 고시가 있은 때에 확정되므로 이때를 기준으로 주거이전비 및 이사비의 보상금액을 산정하여야 한다.

▶ 2023년 이사비

주택 연면적	임금	차량운임	포장비	이사비 (차량운임비 변경)	이사비
33㎡ 미만	3명분	1대분	(임금 + 차량운임) × 0.15	797,180	662,450
33㎡ 이상~ 49.5㎡ 미만	4명분	2대분	(임금 + 차량운임) × 0.15	1,233,110	963,640
49.5㎡ 이상~ 66㎡ 미만	5명분	2.5대분	(임금 + 차량운임) × 0.15	1,541,390	1,204,550
66㎡ 이상~ 99㎡ 미만	6명분	3대분	(임금 + 차량운임) × 0.15	1,849,660	1,445,460
99㎡ 이상	8명분	4대분	(임금 + 차량운임) × 0.15	2,466,220	1,927,280

☞ 차량운임은 2016. 1. 6. 이후 보상계획을 공고 및 보상계획 통지하는 사업지구부 터 한국교통연구원이 발표하는 최대적재량이 5톤인 화물자동차의 1일 8시간 운임 을 기준으로 합니다.

(5) 실제 거주사실 입증 방법

주거이전비, 이사비를 지급받으려면 '계속하여 거주한 사실'을 입증하여야 합니다. 주민등록초본에 전입신고가 되어 있으면 공익 사업지구 내에 거주하는 것으로 추정되므로, 대개의 경우 주민등록 초본의 기재에 의하여 '계속 거주 사실'을 입증합니다.

그런데 주민등록초본에 공익사업지구 밖으로 전출된 기재가 있 으면 그 전출기간 동안 공익사업 지구 내에 거주하지 않은 것으로 추정되므로, 사업시행자는 주거이전비, 이사비를 보상하지 않습니 다. 이러한 경우 소송을 제기하여 실제로는 전출기간에도 공익사업 지구 내에서 거주하였음을 여러 가지 증거를 통하여 입증함으로써 주거이전비, 이사비를 지급받을 수 있습니다.

법령상 거주사실 입증은 크게 사실확인서를 통한 방법과, 공공 요금 등 객관적 자료를 통한 방법이 있습니다(법 시행규칙 제54조 제3항 및 동 규칙 제15조 제1항).

> **토지보상법 시행규칙**
> **제54조(주거이전비의 보상)** ③ 제1항 및 제2항에 따른 거주사실의 입증은 제15조제1항 각 호의 방법으로 할 수 있다. <신설 2020. 12. 11.>
> **제15조(부재부동산 소유자의 거주사실 등에 대한 입증방법)** ① 영 제26조

제3항제2호에 따른 거주사실의 입증은 다음 각 호의 방법으로 한다.
1. 「주민등록법」 제2조에 따라 해당 지역의 주민등록에 관한 사무를 관장하는 특별자치도지사·시장·군수·구청장 또는 그 권한을 위임받은 **읍·면·동장 또는 출장소장의 확인**을 받아 입증하는 방법
2. 다음의 어느 하나에 해당하는 자료로 입증하는 방법
   가. 공공요금영수증
   나. 국민연금보험료, 건강보험료 또는 고용보험료 납입증명서
   다. 전화사용료, 케이블텔레비전 수신료 또는 인터넷 사용료 납부확인서
   라. 신용카드 대중교통 이용명세서
   마. 자녀의 재학증명서
   바. 연말정산 등 납세 자료
   사. 그 밖에 실제 거주사실을 증명하는 객관적 자료

073　주거이전비 등 채권이 상속되는지

망인이 주거이전비, 이주정착금, 이사비 지급요건을 모두 갖추고 있었는데 최초보상개시일(협의계약체결일 또는 수용재결일) 이후에 사망한 경우, 서울고등법원은 이미 이주대책 대상자로 확정되어 구체적인 권리가 발생한 후에 사망한 것으로 보아 공동상속인들이 그 권리를 상속한다고 판시한 경우가 있습니다(서울고등법원 2016누66164).

따라서 망인이 이미 모든 요건을 갖춘 후에 사망하였다면, 그 공동상속인들이 주거이전비 등을 지급받을 수 있습니다.

074

근린생활시설, 무허가건축물에서 거주하였는데 주거이전비 등을 받을 수 있나요?

주거이전비 등은 '주거용 건축물'의 소유자 또는 세입자에 대하여 보상하는 것입니다. 근린생활시설은 주거용 건축물이 아니므로, 실제로는 주거용으로 개조하여 거주하였다고 하더라도 주거이전비 등을 받을 수 없습니다.

그리고 주거용 건축물은 허가받은 건축물이어야 합니다(법 시행규칙 제54조 제1항). 따라서 무허가건축물에서 거주하는 소유자는 원칙적으로 주거이전비 등을 지급받을 수 없으나, 그 무허가건축물이 1989. 1. 24. 이전에 건축된 건물이라면 적법한 건축물로 취급받으므로 주거이전비 등을 보상받을 수 있습니다.

그리고 무허가건축물에 거주하는 세입자는 기준일(대개 공람공고일) 이전 1년 이상 거주한 경우에는 주거이전비 등을 지급받을 수 있습니다(법 시행규칙 제54조 제2항).

075

사업시행자로부터 이주비를 500만 원만 받기로 합의하고, 합의서를 작성했어요. 차액을 더 받을 수 있나요?

사업시행자의 이주정착금, 주거이전비, 이사비 지급의무는 강행규정입니다.

구 공익사업법은 공익사업에 필요한 토지 등을 협의 또는 수용에 의하여 취득하거나 사용함에 따른 손실의 보상에 관한 사항을 규정함으로써 공익사업의 효율적인 수행을 통하여 공공복리의 증진과 재산권의 적정한 보호를 도모함을 목적으로 하고 있고, 위 법에 의한 이주대책은 공익사업의 시행에 필요한 토지 등을 제공함으로 인하여 생활의 근거를 상실하게 되는 이주대책대상자들에게 종전의 생활상태를 원상으로 회복시키면서 동시에 인간다운 생활을 보장하여 주기 위하여 마련된 제도이므로, 사업시행자의 이주대책 수립·실시의무를 정하고 있는 구 공익사업법 제78조 제1항은 물론 그 이주대책의 내용에 관하여 규정하고 있는 같은 법 제78조 제4항 본문 역시 당사자의 합의 또는 사업시행자의 재량에 의하여 그 적용을 배제할 수 없는 강행법규이다.

'강행규정'이란 당사자의 합의 또는 사업시행자의 재량에 의하여 적용을 배제할 수 없는 규정을 말합니다. 예를 들어 사업시행자와 "이주비 500만 원을 받는 대신, 더 이상 이의를 제기하지 않는다." 라고 합의서를 작성하였다고 하더라도, 그 합의서는 강행규정에 반하여 무효라는 것입니다.

따라서 위와 같이 합의서를 작성하였다고 하더라도, 이주정착금·주거이전비·이사비 지급요건을 충족하는 현금청산자는 그 차액만큼 돈을 더 받을 수 있습니다.

제6절 생활대책

076 생활대책용지가 무엇인가요?

　해당 공익사업의 시행으로 인하여 생업을 상실하게 된 자 중 일정 요건을 충족하는 자에게, 해당 사업지구에 조성되는 근린생활시설·판매시설·영업시설의 설치가 가능한 상가 부지를 제공하거나 단지 내 상가 점포를 공급하는데 이것이 속칭 '상가딱지'라고도 부르는 생활대책용지입니다.

　생활대책용지는 생활보상의 일환으로 주어지는 것으로, 토지보상법에 자세한 내용이 규정되어 있지는 않지만, 한국토지주택공사(LH)를 비롯한 공기업이나 기타 수용의 사업시행자들이 영업보상을 받는 대상자들에게 공급하는 토지 중 하나입니다.

판례 **대법원 2015두58645 판결**

> **생활대책용지공급대상자부적격처분취소**
> 공익사업을 시행하는 사업시행자가 법령상 분명한 근거규정이 없음에도 스스로 그 사업의 원활한 시행을 위하여 필요하다고 인정하여 생활대책용지의 공급 등 이해관계인에 대한 생활대책을 수립·실시할 수 있도록 하는 내부규정을 두고 그에 따라 생활대책대상자 선정기준을 마련하여 생활대책을 수립·실시하는 경우, 이러한 생활대책 역시 헌법 제23조 제3항이 "공공필요에 의한 재산권의 수용·사용 또는 제한 및 그에 대한 보상은 법률로써 하되, 정당한 보상을 지급하여야 한다."라고 규정한 데 따른 정당한 보상에 포함되는 것으로 보아야 하므로, 그와 같은 생활대책대상자 선정심사대상에 해당하는 자는 사업시행자에게 생활대책대상자 선정 여부의 확인

· 결정을 신청할 수 있는 권리를 가진다(대법원 2011. 10. 13. 선고 2008
두17905 판결 등 참조).

일반적으로 생활대책용지 공급대상자는 20~27㎡ 이하로 공급
받아 해당 사업지구에 예정된 중심상업지역 또는 근린생활시설용
지 분양을 할 때 참여할 기회를 얻습니다.

LH의 보상기준으로 보면, 수도권 지역에서는 해당 사업지구의
공람공고일 1년 이전부터 보상계약체결일 또는 수용재결일까지 해
당 사업지구에서 영업을 하거나 농업, 축산업 등을 영위하여 해당
영업보상, 영농보상, 축산보상을 받은 사람에 한하여 생활대책용지
를 공급합니다.

생활대책용지의 공급대상자는 공급 당시의 감정평가가격으로
구입하는 것이므로 일반적으로 그 가격에는 이미 개발이익이 반영
된 경우가 많습니다. 따라서 사업지역별로 생활대책용지를 공급받
는 데 따른 경제적 이익을 따져본 후에 구입하시는 게 좋습니다.

또한 생활대책용지의 1인당 공급면적이 일반적으로 20~27㎡(6
평~8평)이므로, 이 면적만으로는 최소건축면적에 미치지 못하여 독
자적 개발행위가 불가능합니다. 따라서 일반적으로는 부동산개발
사업자에게 매각하거나 생활대책용지를 공급받는 사람들이 조합을
결성하여, 상업용지나 근린생활시설용지에 건축이 가능한 면적(일반
적으로 1,000~2,000㎡, 약 320평 내지 600평)을 모으고 개발사업을 진행

합니다.

생활대책용지 공급대상자 확정통지서 통보 이후 공급대상자들이 모여 상가조합을 만들어 개발사업을 진행하는 경우에는 일반적인 부동산개발사업과 마찬가지로 건축비와 사업비가 상당 금액에 달합니다.

일반적으로 건축비는 해당부지에 대한 담보대출이나 시행사 또는 시공사와의 별도 계약을 통해 조달하는데, 대출금액의 상환시기와 건축물의 분양대금 회수시기 및 회수금액이 원활하지 않는 경우 사업이 어려움에 빠질 수 있습니다. 즉, 금융리스크와 분양리스크가 상당할 수 있다는 점을 각별히 유의할 필요가 있습니다.

이하에서 생활대책용지에 대하여 LH의 공급기준을 토대로 설명하겠습니다. 이 공급기준은 2023년을 기준으로 하는 것으로 향후 그 내용이 변경될 수 있습니다.

077 임차농도 생활대책용지를 공급받을 수 있나요?

사업지구의 보상방침에 따라 일부 편차는 있으나, 일반적으로 비수도권 지역에서는 1,000㎡ 이상, 수도권 지역에서는 2,000㎡ 이상을 경작하여 영농보상을 받는 사람은 임차농이라 할지라도 생활대책용지의 공급대상이 됩니다.

한편, 영업보상 대상자 중에서 별도의 허가가 필요하지 않은 자유업을 영위하여 영업보상을 받거나, 무허가건축물에서 영업한 임차인 영업보상 대상자, 시설채소농과 화훼농 중 임차인인 경우, 축산법에 따라 등록하지 않고 200㎡ 이상의 시설을 갖추고 축산보상 대상자인 경우에는 일반적으로 20㎡ 이하로 생활대책용지를 공급받게 됩니다.

078 도로사업에서는 왜 생활대책용지가 지급되지 않는 것인가요?

도로사업은 일반적인 면형사업(공공택지개발, 산업단지개발 등)과는 달리 선형사업에 해당하는데, 사업의 성격상 사업부지 내에 상업용지나 근린생활용지를 조성하지 않기 때문에 생활대책용지를 공급하는 사례가 거의 없습니다.

예외적으로 도로사업으로 인해 다수의 영업보상자들이 발생하고 주변에 택지개발사업 등이 해당 도로사업과 연계하여 시행되는 경우, 사업시행자가 주변 택지사업지구 내에 생활대책용지를 위한 부지를 마련하여 생활대책용지를 공급하고 영업장소나 시설의 빠른 이전에 협조를 구하는 경우가 있습니다.

생활대책용지로 공급받을 수 있는 면적의 최대치는 얼마인가요?

LH 경기도 지역의 보상기준으로 최대 27㎡를 공급받을 수 있습니다. 하지만 사업시행자가 민간사업자인 경우이거나 사업지역이 경기도가 아닌 다른 지방인 경우에는 30~60㎡의 생활대책용지를 공급받은 사례도 존재합니다.

일부 사업지구에서는 생활대책용지가 과다하게 공급되어 생활대책용지를 공급받아 건물을 지어도 분양이 부진하거나 상권 형성이 잘 되지 않아 목적했던 임대사업을 원활하게 운영하지 못하는 등으로 어려움을 겪는 경우가 있으므로, 대책용지의 공급가액의 수준, 부지 면적, 인근 상권의 현황, 전매 프리미엄의 형성 정도, 분양과 임대의 가능성 등을 잘 따져 보신 후에 공급받는 것이 좋습니다.

080 생활대책용지는 전매가 가능한가요?

원칙적으로 전매가 불가합니다. 과거에는 부동산개발 시장에서 생활대책용지의 전매가 이루어져도 사업시행자나 행정당국이 이를 묵인하거나 방치한 경우가 있었지만, 최근 부동산 투기문제가 사회적 문제로 대두됨에 따라 간접보상의 전매를 엄중하게 단속하는 경우가 많습니다.

생활대책용지는 대토와 마찬가지로 각 공급확정 통지서를 받은 당사자가 공급계약서를 작성할 때 최초 매입 당사자로서 계약하는 것을 원칙으로 하고 있습니다. 또한 생활대책용지 공급 이후 상가 조합이 결성되어 조합원이 되는 경우 조합의 정관이나 방침에 따라 전매행위를 실행한 조합원에게 불이익을 부과하는 경우도 있으니 유의할 필요가 있습니다.

081 생활대책용지의 공급시기는 언제인가요?

사업지역마다 많은 차이가 있지만 일반적으로 생활대책용지는 토지 및 지장물에 대한 보상이 완료된 후 대략 3년 내외의 시점에 공급대상자를 선정 및 확정하고, 우선적으로 대토보상의 공급이 어느 정도 이뤄진 후 그 공급이 시작되는 경우가 많습니다.

이처럼 수용보상금 지급시기와 생활대책용지의 실제 공급시기에 상당히 오랜 기간이 소요된다는 점 때문에, 생활대책용지의 전매가 더 많아지는 측면이 있습니다.

또한 생활대책용지의 개발을 위해 조합을 결성하는 시점으로부터 실제 용지를 공급받아 본격적으로 개발행위를 시작하여 사전분양, 착공, 사용승인 등의 절차를 거치기까지 장기간의 시간이 소요됨에 따라, 그 오랜 기간이 경과하는 사이에 부동산 경기나 경제상황의 급격한 변동 등으로 개발 사업에 따른 리스크가 현실화될 수 있다는 점도 미리 염두에 둘 필요가 있습니다.

082　주민지원대책이란 무엇인가요?

　현행법상 '주민지원대책'이라는 용어를 채택한 대표적인 예는 공공주택특별법입니다. 이 법조항에서는 공공주택사업으로 인해 생활기반을 상실하는 사업지구 내 주민에 대하여 <u>직업전환훈련, 직업알선, 고용추천, 소득창출사업지원, 그 밖에 주민의 재정착에 필요한 지원대책 등</u>을 명시하고 있습니다.

공공주택 특별법

제27조의3(주택지구 주민에 대한 지원대책의 수립·시행) 시·도지사, 시장·군수·구청장 또는 공공주택사업자는 대통령령으로 정하는 규모 이상의 공공주택사업 또는 「노숙인 등의 복지 및 자립지원에 관한 법률」 제16조제1항제7호에 따른 쪽방 밀집지역(이하 "쪽방 밀집지역"이라 한다)이 포함된 공공주택사업 중 대통령령으로 정하는 사업으로 인하여 생활기반을 상실하게 되는 주택지구 안의 주민에 대하여 직업전환훈련, 소득창출사업지원, 그 밖에 주민의 재정착에 필요한 지원대책을 대통령령으로 정하는 바에 따라 수립·시행할 수 있다.

공공주택 특별법 시행령

제21조의2(공공주택지구 주민에 대한 지원대책) ① 법 제27조의3에 따라 시·도지사, 시장·군수·구청장 또는 공공주택사업자는 다음 각 호의 구분에 따른 공공주택사업으로 생활기반을 상실하게 되는 공공주택지구 안의 주민에 대하여 해당 호에서 정하는 지원대책을 수립·시행할 수 있다.

　1. 주택지구의 면적이 10만제곱미터 이상인 공공주택사업: 다음 각 목

의 지원대책

　가. 전업(轉業)을 희망하는 주택지구 안의 주민에 대한 <u>직업전환훈련의 실시</u>

　나. 주택지구 안의 주민에 대한 <u>직업 알선</u>

　다. 공공주택사업에 참여하는 시공업체 등에 대한 주택지구 안의 주민의 <u>고용 추천</u>

2. 주택지구의 면적이 50만제곱미터 이상인 공공주택사업: 다음 각 목의 지원대책

　가. 제1호 각 목의 지원대책

　나. 주택지구 안의 주민으로 구성된 법인 또는 단체에 대한 <u>소득창출사업의 지원</u>

위 법령에 따라 LH에서 제정한 「공공주택지구 주민 생계지원대책 수립지침」에서는 주민 **소득창출사업**을 위하여, ① <u>무연분묘 이장</u>, ② <u>지장물철거</u>, ③ <u>산림수목의 벌채 및 가이식</u>, ④ <u>방치된 지하수 굴착공의 원상복구</u> 업무에 관하여 주민단체와 **수의계약**을 체결하여 사업을 시행할 수 있도록 하고 있습니다.

나아가 <u>예외적으로 시장·군수·구청장이 **이 네 가지 사업 외에 다른 사업**을 정하여 고시하고 지역본부장이 해당 사업에 대한 본사 주관부서와 협의하여 주민단체가 수행 가능한 사업이라고 결정하</u>면 그 사업도 수의계약 방식으로 주민단체가 시행할 수 있도록 하고 있습니다. 예를 들어 농촌지역에서 <u>스마트팜 사업</u>, 도시지역에서 <u>건물관리사업</u> 등도 가능한 것입니다.

공공주택지구 주민 생계지원대책 수립지침(LH)

제9조(소득창출사업 지원) ① 지역본부장은 주민단체와 당해 사업지구 다음 각 호의 사업에 대하여 <u>수의계약</u>을 체결하여 시행할 수 있다. 다만, 「공공주택특별법 시행령」 제21조의2 제3항에 따라 <u>시장·군수·구청장이 아래 각 호에서 정하는 사업 외에 다른 사업을 정하여 고시할 경우</u> 지역본부장이 해당 사업에 대한 본사 주관부서와 협의하여 주민단체가 수행 가능한 사업이라고 결정한 경우에 한하여 수의계약을 체결하여 시행할 수 있다.

1. 무연분묘 이장
2. 지장물 철거(잔존 건축물 및 건설폐기물 처리

이러한 주민지원대책은 「주한미군기지 이전에 따른 평택시 등의 지원 등에 관한 특별법」, 「신행정수도 후속대책을 위한 연기·공주지역 행정중심복합도시 건설을 위한 특별법」, 「혁신도시 조성 및 발전에 관한 특별법」 등 특정 지역에 대한 국가정책적인 개발사업에서 먼저 채택되었다가, 비교적 최근인 2022년에 공공주택특별법에 도입된 것입니다.

위 조항은 공익사업으로 인해 생활의 기반을 상실한 사람들의 재정착을 도모하고 안정적인 생활기반을 마련하기 위한 **생활보상**의 일환으로, 토지 및 지장물에 대하여 금전으로 보상되는 가격수준이 현실적으로 피수용자가 기존에 누리던 생활의 수평이동을 보장해 주기에 미흡하다는 점을 보완하고 강제수용에 따른 피수용자의 피해를 경감하기 위한 정책적 고려에서 채택된 간접보상이라 할 수 있습니다.

그러나 이 제도의 실시 이후 실태를 보면, 실제 공공주택특별법에 따른 사업지구 내에서도 위 조항의 효과를 만족스럽게 체감하기 힘든 것이 현실입니다. 아직 법조항이 발효된 지 얼마 되지 않아, 피수용자 측에서 이 제도의 의미를 제대로 파악하여 활용하지 못하고 있고, 사업시행자 측에서도 실행 의지가 약하여 적용하지 않으니 제도의 정착이 더딘 것으로 보여집니다.

다른 한편으로는 이 제도 자체의 한계도 간과할 수 없습니다. 위 법 본문 중, '주택지구 안의 주민'이라는 구절 때문입니다.

위 법조항에 따라 LH가 제정한 「공공주택지구 주민 생계지원대책 수립지침」 제3조 제2호는 생계지원대책의 대상자인 '주민'을 ① 공공주택지구 내에 거주하는 ② 가옥소유자, 가옥세입자, 무허가건축물 등 비주택거주자로 한정하고 있습니다.

사업지구의 위치와 범위에 따라 피수용토지의 소유자인 주민들이 사는 마을이 제외되는 반면 농지와 과수원, 영업시설 등은 사업지구에 포함되는 경우, 실질적으로는 생계수단을 잃게 되는 피수용자가 사업지구 '내'에 주택이 포함되지 않았다는 이유로 주민생계대책에서 제외되는 기이한 결과가 나오는 것입니다. 실제로 공공주택사업을 포함한 대다수 택지개발사업이 상대적으로 땅값이 싼 농지를 위주로 구역을 정하고 실제 그 농지를 경작하는 주민들이 사는 마을을 사업지구에서 제외하는 경우가 많은 현실을 고려할 때 이는 주민들의 실질적인 생계대책으로서 심각한 한계를 가져오게 됩니다.

이러한 문제점은 주민생계대책의 본질이 사업지구 내에서 주거권을 박탈당하는 데 따른 보상인 이주대책이 아니라, 생계 박탈에 따른 생활대책이라는 점을 면밀히 고려하지 않은 입법적 불비가 아닌가 합니다. 최대한 선의로 해석하여 생계지원대책의 대상인 주민이 공간적으로 지나치게 넓어지는 점을 경계하는 입법적 채택이라면, 토지보상법 상 현지인의 개념처럼 인접 시군과 30km라는 거리 제한을 둠으로써도 충분히 입법목적을 달성할 수 있을 것입니다.

LH의 「이주 및 생활대책 수립지침」은 이주대책 대상자와 생활대책 대상자를 각기 다른 기준으로 정하고 있습니다. 즉, 이주대책 대상자는 사업지구 '내' 주택의 소유 및 거주를 요건으로 하되, 생활대책 대상자는 사업지구 내 거주를 요건으로 하지 않고 영업, 영농, 축산 등 생활의 기반이 사업지구 내에서 강제수용으로 인해 폐업 또는 휴업이 될 것인지 여부만으로 정하도록 하고 있습니다.

그럼에도 불구하고 공공주택특별법과 시행령, 그리고 LH의 「공공주택지구 주민 생계지원대책 수립지침」이 생활대책의 대상자를 정하면서 이주대책의 요건과 같이 사업지구 '내' 주민으로 한정한 것은 분명 제도적으로 잘못된 설계라 하겠습니다.

제7절 | 협의양도인택지

083　협의양도인택지가 무엇인가요?

　　협의양도인택지란 <u>이주대책대상자 선정 기준일 1년 이전부터</u> 사업지구 내 토지 일정 면적 이상을 소유해 온 자로서, 본인 소유의 토지 및 지장물 등을 **전부 협의**에 의하여 사업시행자에게 양도한 자에게 추후 개발된 택지 145~265㎡를 주는 것을 말합니다. 협의양도인택지도 이주대책과 마찬가지로 법인이나 종중, 단체에는 공급되지 않습니다.

　　여기서 이주대책대상자 선정 기준일은 일반적으로 '지구지정 공람공고일'을 말하고, 토지 소유 면적 규모는 지역에 따라 수도권 1,000㎡, 비수도권 400㎡ 기준입니다. 또한 택지를 줄 때 그 가격은 수도권 지역에서는 감정가격으로, 비수도권 지역에서는 조성원가의 110% 정도로 책정합니다.

　　이주자택지와 가장 차이나는 점은 첫째, 협의양도인택지는 주거용 건축물을 소유하지 않고 토지만 소유하고 있는 자도 받을 수 있다는 점, 둘째, 본인 소유 토지와 지장물 등을 전부 협의해야 하므로 이의신청 등 불복절차를 거칠 수 없다는 점, 셋째, 제공되는 택지가 조성원가가 아닌 감정평가로 주어진다는 점입니다. 이상의 내용도 2021년 한국토지주택공사의 일반적 기준입니다.

　　협의양도한 토지를 지분으로 공유하고 있는 경우에는 개인별 지분 면적을 기준으로 산정합니다. 다만, 협의양도한 1필지 내 공유 지분 면적이 기준 면적 미만인 경우에는 그 미만 소유자 전원의 지분 면적의 합계가 기준 면적 이상인 경우 그 전원을 1인의 공급대상자로 합니다.

예를 들어, 수도권 지역의 경우 2,200㎡를 2명이 **2분의 1씩** 공유하는 경우에는 각 지분 면적이 1,000㎡를 넘기 때문에 2명 각자 협의양도인택지를 공급받을 수 있지만, 1,200㎡를 3명이 **3분의 1씩** 공유하는 경우에는 3명의 지분을 합쳐야 기준 면적인 1,000㎡를 넘기 때문에 3명 전체에 대하여 1필지만 공급할 수 있게 됩니다. 다만 생계를 같이 하는 동일 세대 내 2인 이상이 협의양도인택지 대상자에 해당된다 하더라도 1세대에게 1필지만 공급됩니다.

협의양도인택지 공급신청량이 공급 가능량을 초과하는 경우에는 추첨으로 대상자를 결정합니다. 그리고 단독주택용지를 조성할 수 없는 소규모 공익사업지구나 이주대책용 단독주택용지 공급 후 잔여 단독택지가 없는 공익사업지구에서는 협의양도인택지가 공급되지 않습니다. 또한 협의양도인택지 공급이 이주자택지 공급, 이주자주택 공급 등과 중복될 경우, 당사자의 의사에 따라 어느 하나만을 공급받을 수 있습니다.

084 이주자택지, 이주자주택, 생활대책용지, 협의양도 인택지의 가격은 얼마인가요?

이주자택지는 과거 조성원가에서 생활기본시설 설치비를 공제한 금액을 기준으로 공급되었습니다. 그런데 도시개발법에 따라 수용방식으로 개발사업을 하는 경우, 2011년 조성원가를 기준으로 하던 기본 대법원 판례가 대법원 전원합의체 판결로 폐기됨으로써, 사업시행자나 사업의 특성에 따라 조성원가가 아닌 감정가격을 기준으로 공급되는 경우가 있다는 점을 유의할 필요가 있습니다. 사업의 종류와 사업시행자에 따라 이주자택지 공급가격이 달라 헌법상 평등의 원칙에 위반될 수 있다는 점 때문에 현재 국민권익위원회가 조성원가 공급을 기초로 하도록 권고하고 있지만, 아직 실무에서는 잘 받아들여지지 않고 있습니다.

다만, 기준가격이 조성원가이든 감정가격이든 간에 생활기본시설 설치비는 언제나 공제됩니다. 그리고 조성원가를 기준으로 하더라도 기준 면적(점포겸용 단독주택용지는 1필지당 265㎡, 주거전용 단독주택용지는 1필지당 330㎡)을 초과하는 면적에 대하여는 감정가격으로 공급됩니다.

이주자주택은 일반분양가격에서 이주자주택의 대지면적에 해당하는 생활기본시설 설치비를 차감한 금액을 기준으로 공급됩니다.

생활대책용지와 협의양도인택지는 감정가격으로 공급됩니다.

085 이주자택지, 생활대책용지, 협의양도인택지의 위치와 면적을 선택할 수 있나요?

이주자택지, 생활대책용지, 협의양도인택지 모두 신청자가 위치와 면적을 선택할 수 없고, 주로 사업시행자가 추첨을 통해 결정합니다.

사업시행자가 조성해 놓은 택지는 위치별로 면적이 조금씩 다를 수 있는데, 신청자의 추첨을 통해 당첨된 토지가 어느 위치인지에 따라 면적도 다를 수 있습니다. 이주자택지 대상자로 선정된 자가 신청기한 내 신청을 하지 않거나 계약을 체결하지 않을 경우 이주자택지를 공급받을 권리를 포기한 것으로 간주됩니다.

생활대책용지는 주로 생활대책 대상자들로 구성된 조합에게 공급되고, 생활대책자 개인에게 한 필지 전체를 공급하는 경우는 드문 편입니다. 조합의 수가 공급필지수보다 더 많을 경우 역시 사업시행자가 추첨으로 결정합니다. 다만, 조합의 수가 공급필지수와 같거나 적을 경우 각자 공급받을 필지를 정해서 수의계약할 수도 있습니다.

가끔 이주자택지의 공급에 있어서 사업시행자가 토지와 지장물에 대하여 협의를 하느냐 이의를 하느냐에 따라 우선순위를 달리하겠다고 공고하여 피수용자들이 그로 인해 위치와 면적 등에 차별을 받을 수 있다는 불안감 때문에 마지못해 협의에 응하는 경우가 있습니다.

그러나 이때 말하는 <u>우선순위란 추첨을 할 때 먼저 추첨할 수 있다는 정도를 의미하고, 이를 넘어 면적과 위치 또는 공급가격 등에 차등을 둘 수는 없습니다.</u> 국가가 사업시행자에게 수용권을 부여함으로써 시행하는 공익사업에서 헌법상 평등원칙을 위반할 수는 없는 것이기 때문에, 차별적 수용행정은 원칙적으로 위헌·위법한 행위로 평가될 수 있습니다.

제8절 | 그 밖의 보상

086	빨리 보상금을 받고 싶은데 공익사업 진행이 멈췄어요. 어떻게 해야 하나요(지연가산금)?

사업시행자는 사업인정의 고시 후 1년 이내(재개발사업은 그 사업의 시행기간 내)에는 언제든지 재결을 신청할 수 있는 반면, 토지소유자 등은 재결신청권이 없습니다. 그런데 사업인정고시가 있으면, 그 공익사업구역 내에 토지·건물 등을 소유한 자들은 토지형질변경, 건축물의 건축·대수선, 공작물의 설치 등을 할 수 없으며, 이를 위반할 경우 형사처벌이 될 수 있습니다.

그래서 수용을 둘러싼 법률관계의 조속한 확정을 바라는 토지소유자 등의 이익을 보호하고 사업시행자와 피수용자 사이에 공평을 기하기 위해 피수용자에게 '수용재결신청 청구권'이 부여되어 있으며(법 제30조), 만약 사업시행자가 이와 같은 청구를 받고도 일정한 기간 내에 수용재결 신청을 하지 않을 경우 '지연가산금'이 부과됩니다. 이러한 '지연가산금'은 사업시행자가 사업을 지연한 데에 대한 제재 및 토지소유자 등의 손해에 대한 보전의 두 가지 측면을 모두 가지고 있습니다.

따라서 토지소유자 등은 '**수용재결신청의 청구**'를 함으로써 사업시행자로 하여금 빨리 수용재결을 신청하도록 할 수 있고, 만약 사업시행자가 그래도 사업을 지연한다면 그에 대한 손해보전으로 지연가산금을 받을 수 있습니다.

지연가산금은 지연된 기간에 대하여 「소송촉진 등에 관한 특례법」 제3조에 따른 법정이율(현재 12%)을 적용하여 산정한 금액을 관할 토지수용위원회에서 재결한 보상금에 가산하는 방식으로 산정됩니다(법 제30조 제3항).

087 이축권 보상을 받을 수 있나요?

이축권이란 개발제한구역(그린벨트) 내에서 거주하는 주민이 공익사업의 시행으로 인하여 더 이상 거주할 수 없게 된 경우, 인근 개발제한구역으로 새로 부지를 마련하여 건물을 신축할 수 있는 권리를 말합니다.

개발제한구역의 지정 및 관리에 관한 특별조치법(이하 '개발제한구역법')은 원칙적으로 개발제한구역 내에서 건축물의 건축 및 용도변경을 금지하고 있는데, 이축권은 공익사업으로 인하여 터전을 잃은 사람들에 대한 보상을 위해 예외적으로 건물을 신축할 수 있도록 인정된 권리입니다(개발제한구역법 제12조 제1항).

이축권은 개발제한구역 내에 건물을 신축할 수 있는 예외적인 권리이므로, 기존의 주택등이 있는 시·군·구의 지역, 인접한 시·군·구의 지역으로서 시장·군수·구처장과 협의한 지역의 토지여야 하고, 기존 건축물의 연면적만큼만 인정되며, 개발제한구역 내 자기소유의 토지에만 가능하고, 새로운 진입로·간선공급설비(전기, 수도, 가스 등)를 설치할 필요가 없는 토지여야 하는 등 여러 가지 제한이 있습니다.

또한, 공익사업에 따른 이주대책의 일환으로 법 제78조에 따른 개발제한구역 밖으로의 이주대책이 수립된 경우에는 공익사업과 관련하여 따로 이축을 허가받을 수 없습니다(개발제한구역법 시행령 별표2).

088 분묘에 대한 보상이 따로 있나요?

분묘는 토지에 정착한 물건으로서 토지보상법에서 정한 '토지등'에 해당하므로, 그 분묘의 수호·관리권자인 종손은 분묘에 대한 보상금의 지급을 청구할 수 있습니다.

분묘에 대한 보상액은 분묘이전비, 석물이전비, 잡비, 이전보조비의 합으로 산정합니다(법 시행규칙 제42조).

분묘에 대한 보상액은 임금, 차량운임 등의 변동을 고려하여 매년 새로 산정됩니다. 2023년 기준으로 분묘에 대한 보상금은 단장일 경우 3,810,760원, 합장일 경우 4,901,860원입니다.

089 환매권이 무엇인가요?

환매권이란 토지에 대하여 받은 보상금에 상당하는 금액을 사업시행자에게 지급하고 그 토지를 환매할 수 있는 권리를 말합니다.

환매권에는 2가지 종류가 있습니다.

① 첫째, 해당 공익사업의 폐지·변경 등으로 취득한 토지의 전부 또는 일부가 필요 없게 된 경우 발생하고, ② 둘째, 사업시행자가 취득일로부터 5년 이내에 취득한 토지의 전부를 해당 공익사업에 이용하지 아니한 경우에 발생합니다.

❗ Tip

종래 첫째 환매권의 경우, "사업시행자가 토지를 취득한 날(협의취득일 또는 수용의 개시일)부터 10년 이내에 해당 공익사업의 폐지·변경"이라고 규정하여 환매권의 발생기간을 10년 이내로 제한하고 있는 규정이 있었으나, 헌법재판소가 헌법불합치 선고를 하여 2021. 8. 10. 개정됨으로써 환매권 발생기간 10년 이내 제한이 삭제되었습니다(헌법재판소 2020. 11. 26. 선고 2019헌바131 결정).

첫 번째 환매권의 경우 "사업이 폐지·변경된 날" 또는 "사업의 폐지·변경 고시가 있는 날", 그 밖의 사유로 필요 없게 된 경우는 "사업완료일"로부터 10년 이내에, 두 번째 환매권의 경우 취득일로부터 6년 이내에 환매권을 행사하여야 합니다. 환매권은 일종의 형성권으로서 그 존속기간은 제척기간이므로, 위 기간이 지나면 환매권은 소멸하게 됩니다.

그런데 사업시행자가 원래의 토지소유권자인 환매권자에게 환매권 발생사실을 통지하지 않은 경우, 환매권자는 환매권 발생사실을 통지받지 못함으로 인해 환매권을 행사하지 못하는 손해를 입은 것이므로, 사업시행자를 상대로 손해배상을 받을 수 있습니다. 이 경우 손해액은 과거 지급받은 보상금에 환매권 상실 당시의 인근 유사토지의 지가상승률을 곱한 금액이 됩니다(대법원 2000. 11. 14. 선고 99다45864 판결).

CHAPTER

04

세금

CHAPTER

04 세금

090 토지를 수용하는 데도 양도소득세를 내야 하나요?

일반적으로 토지소유자들이 타인에게 토지를 양도하면서 소득이 발생하면 양도소득세를 내야 하는데, 토지가 토지소유자의 뜻에 반해 강제수용으로 소유권이 넘어간다고 하더라도 이를 똑같이 양도로 보고 있으므로 토지소유자는 이에 대한 양도소득세를 납부해야 합니다.

즉, 양도소득세는 토지나 건물 같은 부동산 등을 양도해서 발생한 소득에 대하여 발생하는 세금이고 양도소득세 과세대상 자산을 사실상 유상으로 양도하는 개인에게 과세하는데, 여기서 '사실상 유상으로 양도한다.'는 것은 자발적인 매매만이 아니라 강제수용절차에서의 협의 양도와 수용을 포함하는 것으로 보고 있습니다.

다만, 수용으로 인한 양도에서는 일반 양도와 달리 일부 감면규정을 두고 있습니다.

이하에서 설명하는 세금에 관한 내용은 가장 기본적인 최소한의 사항만을 설명합니다. 세금에 대한 보다 자세한 설명은 별도의 세무전문가나 그 저서를 참고하시기 바랍니다.

양도소득세는 양도가액에서 취득당시의 가액과 그동안 들어간 필요경비를 뺀 후 보유기간이나 거주기간에 따라 장기보유특별공제와 양도소득 기본공제를 하고 여기에 세율을 곱한 다음 다시 조세특례법상 각종 감면 등 세액감면을 해서 계산하게 됩니다. 따라서 똑같은 보상금을 받았다고 하더라도 개인의 취득가액, 보유기간, 필요경비, 거주기간 등에 따라 양도소득세는 달라질 수 있습니다.

양도가액은 토지, 지장물 등 보상금을 말하고, 취득당시의 가액은 처음 부동산 취득 시 가격을 말합니다. 그리고 필요경비란 부동산 취득 시 들어갔던 취득세, 등록세, 부동산 중개비용 등과 이후에 시설 추가 등으로 들어간 발코니 확장비용, 보일러 교체비용, 화장실 추가설치비용 등을 말합니다.

양도세 · 결정세액 = (양도가액 - 취득가액 - 기타 필요경비 - 장기보유 특별공제 - 양도소득 기본공제) × 양도소득세율 - 감면세액

한편, 부동산을 오래 보유하는 경우 장기보유특별공제를 통해 특별히 세금 부담을 줄여줍니다. 장기보유특별공제 비율은 보유 기간이 늘어남에 따라 조금씩 더 낮아지며 15년 이상 보유 시 30%까지 공제받을 수 있습니다.

양도세율은 양도가액에서 공제금액들을 뺀 다음 나온 금액의 크기별로 나누어 매깁니다. 과세표준 금액에 따라 구간을 나누어 최저 6%에서 최고 45%까지 누진적으로 세금을 매기고 있으며 비사업용부동산의 경우에는 누진세율에 10%를 가산한 세율을 적용하고 있습니다.

과세 표준	기본세율	누진공제액
1,400만원 이하	6%	-
5,000만원 이하	15%	126만원
8,800만원 이하	24%	576만원
1.5억원 이하	35%	1,994만원
3억원 이하	38%	1,544만원
5억원 이하	40%	2,594만원
10억원 이하	42%	3,594만원
10억원 초과	45%	6,594만원

한편, 주택의 경우에는 별도의 규정을 두어 1주택자, 2주택자, 3주택 이상자인지에 따라 다른 세율을 적용하고 있으며, 조정대상지역인 경우에는 더 과중한 세금을 부과하고 있습니다. 또한 1세대 1주택인 경우 보유기간별 공제율과 거주기간별 공제율을 곱하여 계산한 금액을 합산하여 계산합니다.

092 잔여지 보상의 경우에도 양도소득세를 내야 하나요?

잔여지란 토지소유자에 속하는 일단의 토지 중 편입되고 남는 토지를 말합니다. 이러한 토지 중에서 종래의 목적에 이용할 수 없거나 또는 종래의 토지에 비하여 가치가 훼손되는 토지의 경우에는 ① 잔여지 매수 청구, ② 잔여지 가치하락 보상 청구, ③ 잔여지 공사비 보상 청구 등을 요구할 수 있습니다.

잔여지 매수 청구가 받아들여져 잔여지가 수용되는 경우에는 이를 양도로 보아 양도소득세를 납부하여야 합니다. 잔여지를 매수할 정도까지는 아니지만 잔여지의 형상이나 조건이 악화되어 가치가 하락하는 경우에는 그 가치 감소분을 청구할 수 있는데 이러한 보상금은 양도소득에 해당하지 않습니다. 수용으로 인하여 잔여지가 통로, 도랑, 담장 등을 신설하여야 할 필요가 있어 그 공사비용을 보상받는 경우에도 양도소득세 과세 대상이 아닙니다.

093 양도소득세 감면에 있어서 기준일은 언제인가요?

사업인정고시일로부터 2년 이전에 취득한 토지를 수용하는 경우에 한하여 양도소득세 감면을 해 주고 있습니다. 여기에서 감면 규정 기준일은 현금보상, 채권보상, 대토보상 모두에 대하여 적용됩니다.

사업인정고시일은 각 사업별로 다른데 공공주택지구의 경우 그 지정일이 사업인정고시일이고 택지개발지구의 경우에도 그 지정일 이며, 도시 및 주거환경정비법의 경우 사업시행계획인가일이 사업 인정고시일입니다.

사업인정고시일은 부재지주를 판단하는 기준일이기도 합니다.

수용의 경우 비사업용 토지에 대한 가산세율 적용도 사업인정 고시일로부터 2년을 기준으로 합니다. 비사업용토지라도 취득일이 사업인정 고시일로부터 2년 이내이면, 수용에 있어서는 가산세율이 아닌 일반 세율을 적용합니다. 참고로, 상속 토지는 돌아가신 부모 님이 그 토지를 취득한 날, 증여받은 토지는 증여자가 그 토지를 취득한 날로부터 2년 후에 사업인정 고시가 되었다면, 비사업용토 지로 중과되지 않습니다. 상속이나 증여받은 토지에 대해 불이익을 주지 않기 위해서입니다.

094 수용토지에 대하여 양도소득세 감면이 있나요? 채 권보상·대토보상을 하게 되면 과세이연이나 감면 이 있나요?

사업인정고시일 2년 이전에 취득한 토지에 대해서는 양도소득 세를 감면해 줍니다. 현금보상을 받는다면 10%, 채권보상을 받는 다면 보유기간에 따라 15%, 30%, 40%를 감면해 줍니다. 일반 채 권보상은 15%, 3년 만기특약 후 수령 시 30%, 5년 만기특약 후 수령 시 40%를 감면해 줍니다.

대토의 경우 40% 감면과 과세이연 중에서 선택할 수 있는데 사후에 기간을 채우지 못하는 경우 이미 감면받은 세액 및 그 이자를 추징합니다. 대토감면이나 과세이연은 사업시행자가 대토보상자 명세를 납세자의 관할 세무서에 통보해야 적용받을 수 있고, 대토감면을 선택한 경우 1년 1억, 2년 5억의 감면한도를 적용받는데 다시 감면세액의 20%를 농어촌특별세로 납부해야 합니다.

수용대상토지를 상속으로 취득한 경우라면 피상속인의 상속개시일이 취득일이 아니라 피상속인의 당초 취득일이 취득일입니다. 그러나 증여로 취득한 경우라면 토지의 등기부상 증여등기 접수일이 취득일입니다.

095 **8년 자경농지의 경우 양도소득세 감면이 있나요?**

농지 소재지에서 8년 이상 거주하며 직접 경작한 농지를 수용당하는 경우 양도소득세를 100% 감면받을 수 있습니다. 감면을 받으려면 반드시 양도한 날이 속하는 과세연도에 세액감면신청서를 납세지 관할세무서장에게 제출하여야 하고 감면신청서를 제출하지 않은 경우에는 감면받지 못합니다. 이 경우에도 1년간 1억 원, 5년간 2억 원의 감면한도를 적용받게 됩니다.

농업인이 자경하다가 사망한 다음에 상속인이 상속받은 농지를

1년 이상 계속하여 경작하다가 수용당하는 경우 사망한 피상속인과 상속인이 경작한 기간은 이를 합산하여 경작한 기간으로 봅니다. 상속인이 상속받은 농지를 1년 이상 계속하여 경작하지 아니하더라도 상속받은 날부터 3년이 되는 날까지 수용되는 경우에는 피상속인과 상속인이 경작한 기간을 합산하여 경작한 기간으로 봅니다.

8년 이상 자경하였다고 하더라도 경작자의 근로소득과 사업소득금액의 합산이 연 3,700만 원 이상인 기간은 경작기간에서 제외하도록 하고 있습니다.

농지 소재지에 거주한다고 함은 당해 농지로부터 동일 시, 군, 구나 연접 시, 군, 구 또는 직선거리로 30km 이내의 지역에 거주하는 경우를 말합니다. 농사를 직접 경작한다는 것은 농업에 상시 종사하거나 농작업의 **2분의** 1 이상에 대하여 자기노동력을 투입하는 것을 말합니다. 그래서 농지만 가지고 있고 농작업을 지도하면서 직접 경작을 하지 않는 경우에는 감면대상이 되지 않습니다. 그리고 경작기간이 8년 이상이어야 하는데 8년이라는 기간은 계속해서 8년을 경작하여야 하는 것은 아니고 이를 통산하여 계산하고 있습니다. 예를 들어 20년 동안 보유하고 있으면서 5년간 경작하다가 12년 동안 임차인에게 경작하게 하고 다시 3년을 직접 경작하였다면 8년 자경에 해당한다고 할 수 있습니다.

096

농지를 수용당한 다음 다른 농지를 대토하는 경우에 양도소득세가 감면되나요?

농지가 소재하는 시, 군, 구나 연접한 시, 군, 구 또는 해당 농지로부터 직선거리 30km 이내의 지역에 거주하면서 4년 이상 8년 미만 자경한 경우에 새로운 농지를 취득하여 계속하여 직접 경작함으로써 재촌자경 합산기간이 8년 이상이 되면 양도소득세 100%를 감면받을 수 있습니다.

수용 후 2년 이내에 다른 농지를 취득하고 취득 후 1년 이내에 새로운 농지소재지에 거주하면서 경작을 개시한 경우로서 합산기간이 8년 이상이거나 다른 농지 취득 후 1년 이내에 농지를 양도하고 양도 후 1년 이내에 재촌자경하여 합산기간이 8년 이상이 되면 양도소득세액을 감면받을 수 있습니다.

이때 새로 취득하는 농지의 면적은 양도하는 농지 면적의 **3분의** 2 이상이거나 새로 취득하는 농지의 가액이 양도하는 농지의 가액의 **2분의** 1 이상인 경우에만 감면이 됩니다.

097

1세대 1주택 보유·거주기간 요건이 수용의 경우에도 그대로 적용되나요?

소득세법상 1세대 1주택의 양도는 비과세됩니다. 1세대 1주택

비과세 규정을 적용받고자 하는 경우에는 ① 1세대가 1주택(주택의 부수토지 포함)을 소유하고, ② 2년 이상 보유하여야 하며, ③ 2년 이상 거주(2017. 8. 2. 이후 조정대상지역에서 취득하는 주택만 해당)하여야 합니다.

다만, 주택 및 그 부수토지의 전부 또는 일부가 토지보상법에 의하여 협의매수나 수용되는 경우에는 보유 및 거주기간에 제한을 받지 않습니다. 즉, 수용토지의 경우 보유 및 거주기간에 상관없이 1세대 1주택 비과세를 받을 수 있습니다.

토지 및 지장물의 일괄보상이 원칙이지만 수용과정에서 토지가 먼저 수용되고 주택이 나중에 수용되는 경우가 있는데 이러한 경우 토지에 대한 양도소득세 비과세가 먼저 적용되고 그 수용일로부터 5년 이내에 주택이 수용된다면 주택에 대하여도 양도소득세 비과세가 적용됩니다.

098 토지보상금으로 농지나 다른 부동산을 취득하는 경우 취득세가 감면되나요?

현지인으로서 부재부동산 소유자가 아닌 자가 공익사업으로 부동산이 수용되는 경우에 마지막 보상금을 받은 날 이후 1년이 되는 날까지 매매계약 후 취득을 완료한 경우 새로 취득한 부동산 합계액이 수용된 부동산의 보상금액을 초과하지 않는 한도에서 감면이 적용됩니다.

현지인은 사업인정고시일 1년 이전부터 당해 지역에서 계속 거주하거나 사업자 등록 및 영업을 하고 있었던 사람을 말하고 부재부동산 소유자 여부는 농지 수용의 경우 동일 시, 군, 구나 연접한 시, 군, 구 또는 직선거리 30km 이내를 말하며, 농지 외 수용의 경우 동일 구, 시, 읍·면이나 연접한 구, 시, 읍·면을 말합니다. 마지막 보상금을 받은 날이란 채권 상환기간 만료일이나 소송으로 증액된 보상금을 수령하는 경우 최종 수령일을 말합니다.

대체부동산 취득지역에 제한이 있는데 농지외의 부동산 취득의 경우 ① 동일한 특별시, 광역시, 특별자치시도, 도, 특별자치도, ② 연접한 시, 군, 구, ③ 연접한 특별시, 광역시, 특별자치도시, 도, 특별자치도(투기지역 제외)를 말하고, 농지 취득의 경우 ① 동일한 특별시, 광역시, 특별자치시도, 도, 특별자치도, ② 투기지역을 제외한 전국을 말합니다.

099 토지보상금을 상속·증여할 때 세금이 어떻게 되나요?

증여재산의 경우 배우자 6억 원, 직계존속이나 직계비속의 경우 5천만 원(미성년자는 2천만 원)의 범위에서 공제가 가능하고 이를 초과하면 증여세를 납부하여야 합니다.

수용보상금으로 자녀 명의의 부동산을 매수하는 경우가 있는데 부동산 매수자가 자금 출처를 입증하지 못하면 증여로 보아 증여세를 납부하여야 하는 경우가 발생합니다. 수용보상금의 경우 과세관청으로부터 지속적인 출처관리가 있으므로 증여세를 먼저 생각하고 증여를 하여야 할 것입니다.

수용 중에 토지소유자가 사망하면 상속이 일어나게 됩니다. 수용대상 토지소유자인 부모나 배우자가 사망하고 사망일로부터 6개월 이내에 보상금을 수령한다면 양도소득세는 발생하지 않습니다. 상속세 신고시 상속가액을 양도소득세의 취득가액으로 볼 수 있고 보상금은 양도소득세 양도가액으로 볼 수 있는데 상속가액과 보상금이 같아서 양도소득세의 양도차익이 없다고 보기 때문입니다.

100	개발제한구역 지정 이전에 토지 · 건물을 취득한 경우에 양도소득세 감면이 있나요?

개발제한구역 지정 이전에 토지나 건물을 취득한 경우에 있어서 취득일부터 사업인정고시일까지 계속하여 당해지역에 거주하였다면 양도소득세액의 40% 감면을 적용받을 수 있습니다.

상속받은 토지의 경우 사망하신 분의 토지 · 건물 취득일이 개발제한구역 지정 이전이면 됩니다. 다만, 개발제한구역 해제일로부터 1년 이내에 공익사업의 사업인정고시가 된 경우에 한하여 감면이 가능하며, 감면세액의 20%는 농어촌특별세를 부담해야 합니다. 사망하신 분의 거주기간은 상속인의 거주기간으로 보고 취학이나 징집, 질병, 요양 등 부득이한 경우에는 거주로 간주합니다.

'계속하여 당해지역에 거주'한다는 것은 취득일부터 동일 시, 군, 구나 연접한 시, 군, 구 또는 직선거리 30km 이내에 거주하는 것을 말하는 것입니다. 이러한 기준은 부재지주의 기준과 달라서 당해 지역에 사업자등록을 한 경우도 당해지역 거주로 인정됩니다.

사업인정고시일 20년 이전에 개발제한구역 토지나 건물을 취득한 경우로서 취득일로부터 사업인정고시일까지 계속하여 당해지역에 거주하였다면 양도소득세액의 25% 감면을 적용받을 수 있습니다.

───── 집필진 약력

법무법인 고구려 토지보상연구소

신석범 변호사

경주고등학교 졸업
서울대학교 경영학과 졸업
건국대학교 부동산대학원 최고경영자과정 수료

제44회 사법시험 합격
사법연수원 제34기 수료
수용 및 보상 전문(대한변협 제2015-272호)

(現) 법무법인 고구려 대표변호사
(現) 한국골재협회 공제조합 운영위원
(現) (사)한국문명교류연구소 이사

(前) 법무법인 청목 대표변호사
(前) 의왕시 정신보건심판위원회 위원장
(前) 서울시 인사위원회 위원
(前) 세종대학교 행정학과 겸임교수

박소연 변호사

통영여자고등학교 졸업
이화여자대학교 법학과 졸업

제44회 사법시험 합격
사법연수원 제34기 수료

(現) 법무법인 고구려 구성원변호사
(現) 서울중앙지방법원 조정위원
(現) 서울가정법원 지정 전문가 후견인
(現) 서울가정법원 상속재산관리인
(現) 국방부 특별배상심의회 위원
(現) 산업재산권 분쟁조정위원회 조정위원

(前) 세계 법무법인 변호사
(前) 서울중앙지방법원 상근조정위원
(前) NS홈쇼핑 시청자위원회 부위원장

임지연 변호사

서울현대고등학교 졸업
이화여자대학교 정치외교학과 졸업
중앙대학교 법학전문대학원 졸업

법무법인 율촌 실무수습 과정 이수
국세청 실무수습 과정 이수
제6회 변호사시험 합격
수용 및 보상 전문(대한변협 제2022-102호)

(現) 법무법인 고구려 구성원변호사
(現) (사)한국여성캐릭터협회 이사

YTN, JTBC, OBS, SBS Biz 채널 등
다수 출연 및 인터뷰 진행

제15회 2024 대한민국 미래를 여는 인물 대상
법조인 부문 수상(시사투데이 주최, 조선일보 발표)

법무법인 고구려 토지보상본부

임신웅 토지보상본부장

조현회 분석관리팀장

제 2 판
법무법인 고구려의
토지보상 100문 100답

초판발행	2021년 9월 17일
제2판발행	2024년 2월 8일

지은이	법무법인 고구려 토지보상연구소
펴낸이	안종만·안상준

편 집	윤혜경
기획/마케팅	박부하
표지디자인	권아린
제 작	고철민·조영환

펴낸곳	(주) **박영사**
	서울특별시 금천구 가산디지털2로 53, 210호(가산동, 한라시그마밸리)
	등록 1959. 3. 11. 제300-1959-1호(倫)
전 화	02)733-6771
f a x	02)736-4818
e-mail	pys@pybook.co.kr
homepage	www.pybook.co.kr
ISBN	979-11-303-4664-9 93360

정 가	17,000원